LAODONG SHIJIAN
YU PINGJIA ZHIDAO
SHOUCE

劳动实践与评价指导手册

全国职业院校劳动教育研究院 组编

北京师范大学出版集团
BEIJING NORMAL UNIVERSITY PUBLISHING GROUP
北京师范大学出版社

目　录
CONTENTS

第一部分　实用家政篇

第二部分　职业体验篇

目 录
CONTENTS

实用技能篇

公益服务篇

第一部分　实用家政篇

第一单元　家庭保洁

>>> 实践项目 1　居室保洁

项目名称

居室保洁

劳动目标

第一，掌握居室保洁的顺序与步骤。

第二，掌握居室的不同材质地面的保洁方法。

第三，了解不同材质被褥的清洁、晾晒方法。

第四，了解床垫的清洁与保养技巧。

第五，掌握居室防潮与防霉技术。

所需工具（设备、物资）

抹布、垃圾袋、扫帚、掸子、拖把、水桶、吸尘器。

劳动安全须知

工作环境安全：实施前需检查工具是否齐全、完好，如有损坏应及时更换；检查居室内各项设施是否有安全隐患，防止劳动过程中出现个人损伤。

个人防护安全：实施过程中着装应轻便适宜，行动要稳重，谨防滑倒、跌伤；要熟练使用清洁工具，谨防因操作不当带来的伤害。

实践操作

一、居室保洁的顺序与步骤

（一）居室保洁的顺序

居室保洁应按从上到下、从里到外的顺序进行。

从上到下：居室的灯具—墙面—家具—地面。

从里到外：从居室里面开始到居室门口，如有阳台，则从阳台开始。

（二）居室保洁的步骤

1. 拉开窗帘

先开启窗帘，检查窗帘是否有掉钩、脱轨或破损现象，手拉或电动窗帘是否灵便好用。如果房间内有异味，要开窗通风。

2. 收纳并清理垃圾

将桌面物品收纳，以同一类物品放置在一起为原则。

清理房间内的烟灰缸、垃圾篓等物品。把烟灰缸内的烟头、烟灰倒在垃圾篓内，然后清洗干净。绝不将烟灰缸里的脏物倒进马桶内，以防堵塞。倒烟灰缸时一定要查看烟头是否熄灭，未熄灭的须及时处理，防止烟头起火。

3. 清理墙面

清理墙面前应先将居室内的容器、衣物、床铺等进行遮盖防护，用掸子将房内四壁掸一掸，然后用清洁的微湿抹布轻轻擦拭一遍墙面。如果居室墙面使用了墙纸，墙纸上的污垢可用旧牙刷轻轻刷去，然后用湿抹布擦拭干净，墙纸忌受潮，因此用于擦拭的抹布不能太湿，以免墙纸翘起。

4. 清洁玻璃

先用干净的湿抹布将窗框擦净，再用干抹布擦拭擦净。

5. 整理床铺

整理床铺时，要做到整洁清爽。首先将床上的衣物进行分类；其次叠好被子，理平床单、枕头，如果需要更换床单、被套等用品，应先将干净的床单、毛毯等放在椅子上，将用过的床单、被套从床上撤下，再换上干净的床单，套上枕套，把床铺好。

6. 室内擦拭

①准备干湿两块抹布。

②从房门的门框开始，用湿抹布擦拭一遍各种家具。

③用干抹布按顺时针方向擦一圈踢脚线。

④用干抹布擦拭电器、镜子及遇湿易腐蚀的物品。擦拭镜子时，要用一干一湿两块布擦拭，要做到镜面清洁光亮，不能有布毛、手印和灰尘。

7. 地面保洁

应根据居室地面的材质进行保洁和防潮防霉处理。

（1）地板

地板砖

地板砖的吸水性能较差，但易清洁。具体清洁步骤如下。

步骤一：用扫帚将表面大颗粒污物清扫干净。

步骤二：用半湿的拖把按照从左到右、由前到后的顺序用力擦地，不得遗漏死角和摆放物下的空间。可移动的摆放物，应移动后再拖。使用拖把拖地时，拖布不能提得太高，甩的幅度不能太大。反复擦拭直至地面干净。

步骤三：用干拖把或干抹布擦干地面。

木质地板

由于木质地板具有怕酸、怕碱、怕水、怕干、怕潮、易燃的特点，因此木质地板的清洁相对复杂和困难。在清洁木质地板时，需遵循以下几个步骤。

步骤一：用扫帚或吸尘器将地板表面的污物清扫干净。

步骤二：用半干的拖布或抹布沾水或地板清洁剂，按照从里到外，由角、边到中间，由小处到大处，由床下、桌底到居室地面的顺序反复擦拭直至干净。

步骤三：待地板晾干后，用洁净的干布蘸上地板精油擦拭，可使地板清洁油亮。

（2）地毯

步骤一：用吸尘器全面吸尘，特别是需要先清除干净地面上的固体状垃圾和物体。

步骤二：放在日光下晒一会儿，注意将地毯翻过来晒。

步骤三：将地毯挂在绳子上，用细棍拍打，这样既可以把灰尘除去，还可以有效杀菌。

二、不同材质被褥的清洁、晾晒与收纳

（一）不同材质被褥的清洁

1. 棉被

棉被不可以水洗，清洁方式主要是在室外拍打灰尘、在阳光下暴晒。如有黄斑出现，表示已经滋生细菌或虫类，最好丢弃。

2. 化纤被

可用中性洗洁剂或肥皂粉，选择洗衣机的弱档轻柔清洗、脱水。

3. 羽绒被

一般每 3～5 年干洗一次，也可用中性洗洁剂或肥皂粉水洗。水洗时，先将羽绒被完全浸湿，然后取出并压去水分。再将羽绒被浸在温热的肥皂水中，脏的地方用毛刷轻轻刷洗，接着取出并用清水洗涤干净，拍打平整，然后放在荫凉处晾干，要保证羽绒被干透。

4. 羊毛被

因为羊毛会缩水，因此需要干洗，不可水洗以免变形。

5. 蚕丝被

不可以水洗，如沾上污渍，要用专用洗涤剂进行局部清洗。全面清洗需要干洗。

（二）不同材质被褥的晾晒

晒被子的主要目的在于去除湿气。晒被子的最佳时间是下午 3 点之前。除了蚕丝被，其他的被子都可以拿到户外晒太阳。此外，利用除湿机、烘干机都可以达到晒被的目的。

（三）被褥的收纳

收纳前最好先将被胎清洁、整理，再根据不同的材质以吹风或阳光暴晒的方法保养，最后干爽地装入收纳袋中。若家中湿气较重，最好在收纳袋中放置一些干燥剂以利于收藏。

三、床垫的清洁与保养

①床垫应定期翻转。新买的床垫在使用的第一年，每 2～3 个月正反、左右或头角翻转一次，使床垫的弹簧受力均匀，之后每半年翻转一次即可。

②除使用床单外，最好能罩上床垫罩，这样可以避免床垫弄脏，确保床垫的清洁卫生。

③定期用吸尘器清理床垫，但不可用水或清洁剂直接洗涤。

学习资源

居室保洁

居室保洁（清洁玻璃：用布擦）

居室保洁（清洁玻璃：用玻璃擦）

考核评价

学生劳动情况评价单

<table>
<tr><td>课程名称</td><td>劳动教育</td><td colspan="2">任务名称</td><td>居室保洁</td></tr>
<tr><td colspan="5">学生姓名：________ 鉴定人员姓名：________</td></tr>
<tr><td colspan="5">鉴定时间：________ 鉴定地点：________</td></tr>
<tr><td colspan="5" align="center">口头或书面问题单</td></tr>
<tr><td colspan="5">任务步骤：回答所有的问题，问题的答案应符合劳动教育的要求</td></tr>
<tr><td colspan="2">正确回答以下问题（请选择：口头 □ 书面 □）</td><td>对</td><td>错</td><td>备注</td></tr>
<tr><td colspan="2">①能够懂得居室保洁的基本顺序</td><td>□</td><td>□</td><td></td></tr>
<tr><td colspan="2">②能够明确居室保洁的基本步骤</td><td>□</td><td>□</td><td></td></tr>
<tr><td colspan="2">③能够知晓居室保洁的注意事项</td><td>□</td><td>□</td><td></td></tr>
<tr><td colspan="2">④能够掌握居室保洁的安全要求</td><td>□</td><td>□</td><td></td></tr>
<tr><td colspan="2">第 1 次鉴定结果</td><td colspan="3">合格 □ 不合格 □</td></tr>
<tr><td colspan="2">第 2 次鉴定结果</td><td colspan="3">合格 □ 不合格 □</td></tr>
<tr><td colspan="5" align="center">练习和观察清单</td></tr>
<tr><td colspan="5">任务说明：确认学生具有居室保洁的能力
任务 1：居室环境的保洁
任务 2：被褥及床垫的保洁与保养</td></tr>
<tr><td colspan="5">鉴定步骤：需要展示所有技能，并被鉴定人员观察到</td></tr>
<tr><td colspan="2">学生是否具备下列技能（由鉴定人员填写）：</td><td>是</td><td>否</td><td>备注</td></tr>
<tr><td colspan="2">①是否遵循了居室保洁的基本要求</td><td>□</td><td>□</td><td></td></tr>
<tr><td colspan="2">②是否识别了安全危害，并采用安全防护措施</td><td>□</td><td>□</td><td></td></tr>
<tr><td colspan="2">③是否遵循了正确的注意事项，包括清洁工具、保洁方法的使用说明、安全规范等。</td><td>□</td><td>□</td><td></td></tr>
<tr><td colspan="2">④能否正确完成以上两个任务</td><td>□</td><td>□</td><td></td></tr>
<tr><td colspan="5">学生的劳动体会（由学生本人填写）：</td></tr>
<tr><td rowspan="3">鉴定意见</td><td>第 1 次鉴定结果</td><td colspan="3">合格 □ 不合格 □</td></tr>
<tr><td>第 2 次鉴定结果</td><td colspan="3">合格 □ 不合格 □</td></tr>
<tr><td>终结性鉴定结果</td><td colspan="3">合格 □ 不合格 □</td></tr>
<tr><td colspan="5">签字说明学生的表现、完成任务的能力和对理论的理解
鉴定人员签字： 日期：</td></tr>
<tr><td colspan="5">签字说明同意上述鉴定结果
学生签字： 日期：</td></tr>
</table>

>>> 实践项目 2　客厅保洁

项目名称

客厅保洁

劳动目标

第一，认识客厅保洁的工具和作业流程。

第二，掌握客厅保洁的操作方法，熟练有效地进行客厅保洁。

第三，开展劳动实践，教育、引导学生热爱家庭劳动、创造家庭美好生活。

所需工具（设备、物资）

百洁布、抹布、扫帚、吸尘器、拖把、垃圾铲、垃圾桶、玻璃擦、家具和玻璃清洁剂。

劳动安全须知

注意个人防护。做客厅保洁时，同学们会接触化学清洁剂、垃圾和尘埃，因此应该佩戴合适的个人防护用品，如围裙、安全工作胶鞋、防尘口罩、手套等。

注意登高安全。擦玻璃、擦柜子或擦门时不宜攀高，严禁翻越窗台。使用家用折梯时需注意安全，防滑防跌，注意个人防护。

预防短路和触电事故。清洁电器前应切断电源，要用干布擦拭电器，忌用湿布擦拭，防止电器短路或发生触电事故。

实践操作

一、准备

物品准备：保洁前先准备好工具和清洁剂。清洗不同的地方使用不同的清洁剂和工具。工具要专物专用，如擦地面的抹布不能用来擦墙面。

环境准备：保洁前要开门开窗，注意通风。

二、作业流程

客厅清洁原则：按照从上到下、从里到外的顺序清洁。物品摆放应按照从高到低、从大到小、标签朝外的原则进行摆放。

1. 茶几的保洁

①物品挪移至茶几另一边。②百洁布清洗后拧干。③“手掌 S 形手法”擦拭茶几边。④干布擦干水渍。⑤擦拭后，物品放归原位。⑥茶几另一边操作如上。⑦湿布擦拭茶具后，茶具要摆放整齐。⑧将烟灰缸内的杂物倒进垃圾桶，然后用湿布擦拭干净，再用干布擦干，最后垫上一层纸巾，倒水浸湿纸巾，防止烟灰飞起。⑨清洁茶水桶。先将茶水桶内的残渣和水倒掉，然后用湿布擦拭茶水桶外部表面。擦拭完后，茶水桶归位，放回原处。清洁标准为茶几面及隔层无污渍、无灰尘、无水痕；茶水桶无垃圾。

需要注意的是，如果茶几有隔层，先擦拭隔层。

2. 沙发的保洁

①用干布清理沙发顶部、沙发靠背、沙发扶手和沙发座的灰尘。②靠枕摆放整齐。③湿布擦拭沙发底部。清洁标准为沙发沿和沙发面无灰尘、无水渍；靠枕图案统朝外并整齐地放在沙发上。

需要注意的是，移动沙发时不可拖拉，以免刮伤地板。布艺和皮质沙发都使用干布擦拭。如果皮质沙发很脏，用干净的百洁布沾水拧干后，轻拭沙发。若皮革上有污渍，用干净的湿海绵沾洗涤剂擦拭，或者用布沾适当浓度的肥皂水擦拭，然后让其自然风干。木质沙发先用湿布擦拭一遍，再用干布擦干水渍。

3. 客厅博物柜的保洁

①采用“一字法”用湿布擦拭上沿边框。②挪移方格内物品。③用湿布擦拭方格内部。④用干布擦干水渍。⑤物品归位，摆放整齐。清洁标准为博物柜表面无灰尘、无水渍。

需要注意的是，物品轻拿轻放，注意组装类的摆件，擦拭完摆放归位。

4. 客厅摆挂件、立式空调的保洁

①先用湿布擦拭摆挂件的四周，再擦拭其正面。②用干布擦干水渍。③采用“手掌S形手法”，用湿布擦拭空调顶端、正面和左右两侧。④采用“手指S形手法”擦拭空调的扇叶区。⑤用干布擦干水渍。清洁标准为摆挂件边框无灰尘、无水痕；框面无灰尘、无印渍；立式空调表面无灰尘、无水渍。

需要注意的是，擦拭摆挂件时，要一手扶稳，一手擦拭。

5. 客厅电视、电视柜的保洁

①使用干布轻轻擦拭电视屏幕。②将电视柜上的物品挪移至另一边。③采用“手掌S形手法”，用湿布擦拭桌面。④用干布擦干水渍。⑤擦拭物品后归位。⑥另一边清洁方法同上。⑦用湿布擦拭柜子侧面，再用干布擦干水渍。⑧打开抽屉，用湿布擦拭抽屉上沿，用干布擦干后，关闭抽屉。清洁标准为电视、音箱、外放等表面无灰尘、无水痕。

需要注意的是，电器、插座类用干布擦干，切记不可使用湿布擦拭，以免造成短路或触电。电视屏幕用干布轻轻擦拭灰尘即可，注意不要碰掉电源插座上的插头。

6. 客厅门的保洁

①用湿布按“一字法”从左到右擦拭门框上沿。②将百洁布对折，用布包住门框，从上往下采用“一字法”擦拭。擦拭完一边门框后，再擦拭另一边门框。③采用“一字法”从左到右擦拭门顶部，如果门顶部很脏，要再擦一遍。④擦拭门表面（内面）。从上往下用湿布按“手掌S形手法”擦拭，再用干布擦干水渍。⑤擦拭门把手。门把手多为五金件，可以先用湿布蘸取少量去污膏擦拭把手表面，再用干布擦干，起到抛光打亮的作用。⑥擦拭门表面和门把手（外面）。清洁标准为门框、门上沿、门把手、门表面无灰尘、无印渍。

需要注意的是，够不着门框上沿时可踩脚凳或椅子，登高时注意安全；不要遗漏门框上沿和门顶端；擦拭门的时候可用一只脚抵住门。

7. 客厅鞋柜的保洁

①采用“手掌S形手法”，湿布擦拭鞋柜的顶端、正面和左右两侧。②用干布擦干水渍。③将鞋子有序摆放。④如果鞋柜有凹凸面，可采用“手指S形手法”，先用湿布擦拭一遍，再用干布擦干。清洁标准为鞋柜表面无灰尘，无水痕；鞋子从大到小排列，鞋头统一朝墙内，摆放整齐。

需要注意的是，可以将鞋子挪移开擦拭，待擦洗完再放回原位。

8. 客厅踢脚线（见图1-1）的保洁

①将百洁布打湿后对折，包住踢脚线，右手大拇指和其余四指将布按压在踢脚线的凹槽处。②从门边的踢脚线开始，围着房间转圈，将所有踢脚线擦拭干净。清洁标准为踢脚线无灰尘。

需要注意的是，有物品挡住时，需要将物品挪开，再擦踢脚线。为避免重复劳动，可以在挪移床头柜的时候，一并将床头柜处的踢脚线擦拭干净。

图 1–1

9. 垃圾桶的保洁

①取出垃圾袋。②用湿布擦垃圾桶的内侧、外侧和底部。③更换新垃圾袋后，将垃圾袋露出垃圾桶的部分收紧，以便更好地贴合垃圾桶。清洁标准为垃圾桶无灰尘、无水渍、无污渍。

需要注意的是，垃圾桶不要忘记擦拭；要进行垃圾分类。

10. 客厅地面的保洁

从里到外，使用“横拖法”拖地；地面最少擦拭两遍。清洁标准为地面无垃圾、无灰尘、无水渍。

需要注意的是，注意物品挪移；注意床底不要遗漏；百洁布可以两面使用，一面用完，翻过来再用另一面；地面至少要拖两遍；拖完第一遍后，先用百洁布擦拭自己鞋底，避免再把地板踩脏。

学习资源

一、操作演示视频

客厅茶几的保洁　客厅沙发的保洁　客厅博物柜的保洁　客厅门的保洁　客厅踢脚线的保洁

二、有关工具、设备、物资的使用常识

（一）擦桌子的手法

擦桌子的手法有两种：手掌 S 形和手指 S 形。手掌 S 形主要适用于面积较大的平面，如果擦的是大桌子，可以使用手掌 S 形。手指 S 形主要适用于面积比较小的平面、立体面、凹槽面，如果擦的是小桌子或者是凹槽的柜子表面，可以使用手指 S 形。

手掌 S 形法（见图 1-2）：①将物品挪移到桌子的另一边。②清洁抹布，将抹布拧干后，短边对折。③中指和食指夹布固定。④将布放在桌子的下侧边。⑤手背竖直。⑥手掌从下往上推，离桌子 3 厘米后转动手腕，改变抹布方向，由上往下拉动抹布，循环此过程。⑦擦桌子收尾。用布包住垃圾，将垃圾扔进垃圾桶里。⑧用干布擦干水渍。⑨擦拭物品后，物归原位，并按照物品摆放原则摆放整齐。

需要注意的是，操作过程中不是转动胳膊，而是转动手腕。一只手擦桌子时，另一只手须扶着桌子，以免桌子晃动。抹布一面擦脏之后，换面使用。擦完桌子面后，不要忘记擦桌子周边和桌腿。

手指 S 形法（见图 1-3）：①将物品挪移到桌子的另一边。②清洁抹布，将抹布拧干后，短边对折，再对折。③大拇指在下，四指弯曲握住百洁布。④将布放在桌子的下侧边。⑤手背竖直。⑥手掌从下往上推，离桌子 3 厘米后转动手腕，改变抹布方向，由上往下拉抹布，循环此过程。⑦擦桌子收尾。用布包住垃圾，将垃圾扔进垃圾桶里。⑧用干布擦干水渍。⑨擦拭物品后，归原位，并按照物品摆放原则摆放整齐。

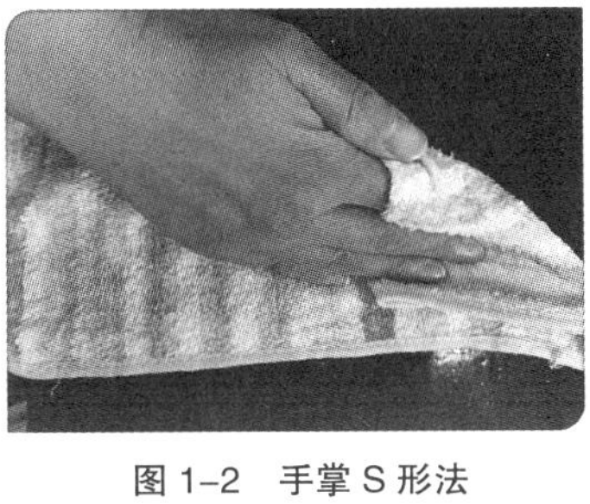

图 1-2　手掌 S 形法

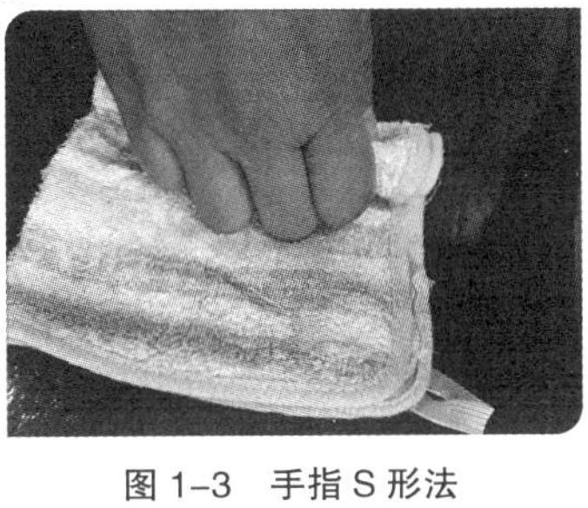

图 1-3　手指 S 形法

（二）擦柜子的手法

擦柜子手法与擦桌子手法相同。可参考以上擦桌子手法。

三、拖地的方法

拖地的方法有两种：横拖法和竖拖法。横拖法适用于面积较大的地面，如客厅的地面；竖拖法适用于狭窄的地面，如走廊、阳台的地面等。

横拖法（见图 1-4）：①身体站在地板中间位置，双脚张开，与肩同宽。②左手在下，虎口朝上；右手在上，虎口朝下。③身体前倾，把拖把垂直放于身体的左前方。④左手推动拖杆向前移动，从左往右画“一”。⑤右手顺时针转动手腕，改变拖把方向。⑥左手拉动拖杆向前移动，从右往左画“一”。⑦脚步匀速后撤。⑧重复以上动作，直至整个地板拖完。⑨将垃圾放进垃圾桶。

需要注意的是，如果地面垃圾太多，要先打扫；右手手腕转动拖把，改变拖把转动的方向，左手起推和拉的作用；拖把拐弯时，人后退一步，手脚同步。

竖拖法（见图 1-5）：①身体站在地板右侧位置，双脚张开，与肩同宽。②身体前倾，拖把横放于身体的左前方。③左手将拖把向下拉动，从上往下画“l”。④右手顺时针转动手腕，改变拖把方向。⑤左手拉动拖杆由下往上移动，画“l”。⑥脚步匀速向左移动。⑦重复以上动作，直到整个地板拖完。⑧将垃圾放入垃圾桶。

需要注意的是，如果地面太脏，要先清扫；右手手腕转动拖把改变拖把方向，左手起推和拉的作用；拖把拐弯时，人往后退一步（退着走，手脚同步）。

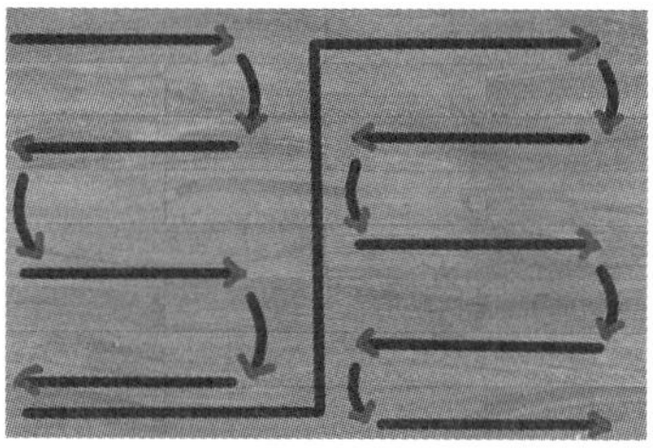

图 1-4　横拖法示意图

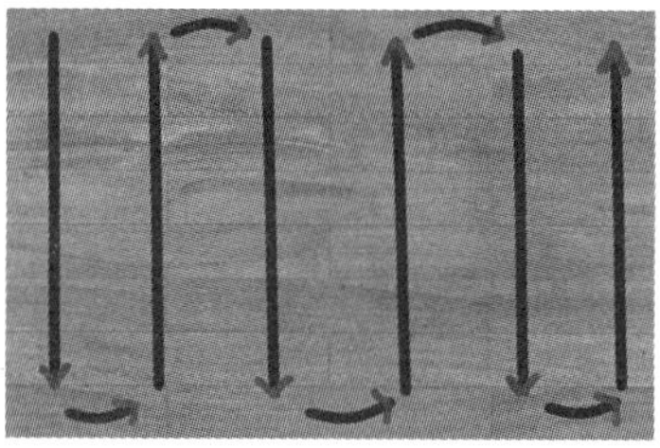

图 1-5　竖拖法示意图

四、擦玻璃的方法

家庭安装的玻璃的结构一般分为三种：左右（见图 1-6）、上下（见图 1-7）、上下 + 左右（见图 1-8）。不同结构的玻璃，采用不同的擦拭方法。擦玻璃主要有两种方法：上下擦窗法和左右擦窗法。上下擦窗法适用于玻璃安装在下方的窗户；左右擦窗法适用于玻璃安在上方，可以左右推拉的窗户。

擦玻璃前要做好以下几项工作：①检查玻璃是否有划痕。②检查玻璃是否可以使用玻璃擦。玻璃擦只适用于透亮的玻璃，如果是镀膜玻璃（有点颜色，不那么透亮）、贴膜玻璃（贴了一层膜在上面）、磨砂玻璃（有粗糙面，不通透）、损毁玻璃（玻璃裂开或者有缺角），不要使用玻璃擦，以免划花玻璃。可以使用抹布或单面玻璃刮将玻璃内侧擦干净。③检查玻璃厚度是否在双面玻璃擦的适用范围内。如果将双面玻璃擦的磁性调到最大值后，双面玻璃擦无法黏合在玻璃上，即超出了双面玻璃擦的适用范围。可以用单面玻璃刮或者百洁布清洁内侧玻璃。

图 1-6　左右结构的玻璃窗

图 1-7　上下结构的玻璃窗

图 1-8　上下 + 左右结构的玻璃窗

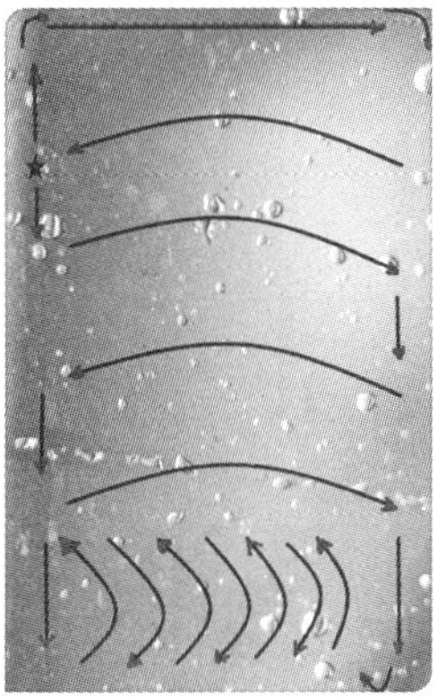

图 1-9　左右擦窗法示意图

左右擦窗法（见图 1-9）：①用湿布将窗槽、窗框擦干净。②检查玻璃擦是否有问题。③打开玻璃擦，将海绵条打湿后滴上一滴清洁剂，然后涂抹均匀。④左手系上安全绳，右手擦窗。⑤根据玻璃厚度，调整玻璃擦的磁性。⑥开始擦之前，先把玻璃擦放在玻璃中上方偏左位置，带手柄的一面放在玻璃的内侧，带安全绳的一面放在玻璃的外侧。⑦左手扶住槽框，右手移动玻璃擦进行擦拭。⑧擦玻璃主要是弧形擦拭，白色海绵条在前，黑色刮水条在后。玻璃擦上拉到顶→旋转玻璃擦，改变方向→拉到最右侧→转动手腕→改变玻璃擦方向→向下拉 10 厘米→向左转动手腕→由右向左弧形擦拭→以此循环往复。⑨玻璃擦离底部还有 20 厘米时，开始收尾。将玻璃擦拉至玻璃最右侧→下拉到玻璃窗最下方→转动手腕，向前拉玻璃擦 5 厘米→转动手腕→向上拉动玻璃擦→转动手腕→向下拉动玻璃擦→以此循环往复。⑩擦完玻璃后，将玻璃擦取下，交叉叠放在旁边。⑪用玻璃布擦干收尾处水渍。

需要注意的是：如果玻璃很脏的话，可以先用抹布擦拭一遍，再使用玻璃擦；用冷水洗玻璃擦，不能用热水，以免使玻璃擦磁性减弱；要保持玻璃擦的白色棉条在前，黑色刮条在后，不能互换方向，否则玻璃擦容易掉落；玻璃擦掉落后，不要捡起立即使用，应该放在水里清洗干净，再继续使用；左窗和右窗的擦拭方法相同，只不过方向不一样。即擦左窗使用右手，玻璃擦先放在左边，最后从右往左收尾；擦右窗使用左手，玻璃擦先放在右边，最后从左往右收尾。为安全考虑，不要将身体探出窗外。

上下擦窗法（见图 1-10）：①用湿布将窗槽、窗框擦干净。②检查玻璃擦是否有异常。③打开玻璃擦，将海绵条打湿后，滴上一滴清洁剂，然后涂抹均匀。④左手系上安全绳，右手擦窗。⑤根据玻璃厚度，调整玻璃擦的磁性。⑥开始擦之前，先把一面玻璃擦放在玻璃中上方偏左位置，带手柄的一面放在玻璃的内侧，带安全绳的一面放在玻璃的外侧。⑦左手扶着窗槽，右手移动玻璃擦擦拭玻璃。⑧擦玻璃主要是弧形擦拭，白色海绵条在前，黑色刮水条在后。玻璃擦上拉到最右侧→向右转动手腕→旋转玻璃擦→下拉到最低端→向左转动手腕→改变玻璃擦方向→向下拉 5 厘米→向上转动手腕，由下往上弧形擦拭→到顶端后→向左转动手腕→下拉 5 厘米→向左转动手腕→从上往下弧形擦拭→以此循环往复。⑨玻璃擦离最左侧还有 20 厘米的时候，将玻璃擦拉到剩余玻璃右侧→向下转动手腕，改变玻璃擦方向→下拉玻璃擦至左侧最底端→向上转动手腕→由下往上画半圆→重复以上动作，直到玻璃左侧最顶端。⑩擦完玻璃后，将玻璃擦取下，交叉叠放在旁边。⑪用玻璃布擦干收尾处水渍。

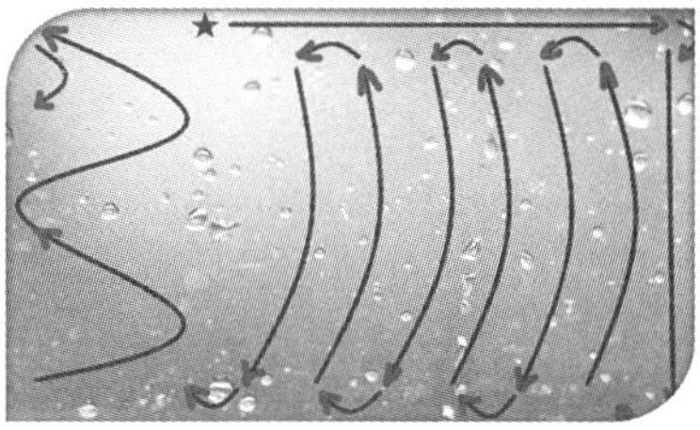

图 1-10　上下擦窗法示意图

考核评价

学生劳动情况评价单

<table>
<tr><td>课程名称</td><td>劳动教育</td><td>任务名称</td><td colspan="3">客厅保洁</td></tr>
<tr><td colspan="6">学生姓名：______________ 鉴定人员姓名：____________</td></tr>
<tr><td colspan="6">鉴定时间：____________ 鉴定地点：____________</td></tr>
<tr><td colspan="6" align="center">口头或书面问题单</td></tr>
<tr><td colspan="6">任务步骤：回答所有的问题，问题的答案应符合劳动教育的要求</td></tr>
<tr><td colspan="3">正确回答以下问题（请选择：口头 ☐ 书面 ☐）</td><td>对</td><td>错</td><td>备注</td></tr>
<tr><td colspan="3">①能够说出客厅保洁所用工具的名字及用途</td><td>☐</td><td>☐</td><td></td></tr>
<tr><td colspan="3">②能够说出客厅保洁的要领</td><td>☐</td><td>☐</td><td></td></tr>
<tr><td colspan="3">③能够说出各种工具使用的基本要求</td><td>☐</td><td>☐</td><td></td></tr>
<tr><td colspan="3">④能够识别客厅保洁作业的安全要求</td><td>☐</td><td>☐</td><td></td></tr>
<tr><td colspan="3" align="center">第 1 次鉴定结果</td><td colspan="3">合格 ☐ 不合格 ☐</td></tr>
<tr><td colspan="3" align="center">第 2 次鉴定结果</td><td colspan="3">合格 ☐ 不合格 ☐</td></tr>
<tr><td colspan="6" align="center">练习和观察清单</td></tr>
<tr><td colspan="6">任务说明：确认学生具有客厅保洁劳动的能力
任务 1：整理客厅保洁的工具和物品
任务 2：客厅保洁作业</td></tr>
<tr><td colspan="6">鉴定步骤：需要展示所有技能，并被鉴定人员观察到</td></tr>
<tr><td colspan="3">学生是否具备下列技能（由鉴定人员填写）：</td><td>是</td><td>否</td><td>备注</td></tr>
<tr><td colspan="3">①是否遵循了安全操作规程</td><td>☐</td><td>☐</td><td></td></tr>
<tr><td colspan="3">②是否识别了安全危害，并采用安全程序</td><td>☐</td><td>☐</td><td></td></tr>
<tr><td colspan="3">③是否采用了正确的作业程序和信息，包括工具使用说明、清洁剂使用说明、安全规范等</td><td>☐</td><td>☐</td><td></td></tr>
<tr><td colspan="3">④是否选用了正确的设备和方法</td><td>☐</td><td>☐</td><td></td></tr>
<tr><td colspan="3">⑤能否正确完成以上两个任务</td><td>☐</td><td>☐</td><td></td></tr>
<tr><td colspan="6">学生的劳动体会（由学生本人填写）：</td></tr>
<tr><td rowspan="3">鉴定意见</td><td colspan="2">第 1 次鉴定结果</td><td colspan="3">合格 ☐ 不合格 ☐</td></tr>
<tr><td colspan="2">第 2 次鉴定结果</td><td colspan="3">合格 ☐ 不合格 ☐</td></tr>
<tr><td colspan="2">终结性鉴定结果</td><td colspan="3">合格 ☐ 不合格 ☐</td></tr>
<tr><td colspan="6">签字说明学生的表现、完成任务的能力和对理论的理解
鉴定人员签字： 日期：</td></tr>
<tr><td colspan="6">签字说明同意上述鉴定结果
学生签字： 日期：</td></tr>
</table>

>>> 实践项目 3　厨房保洁

项目名称

厨房保洁

劳动目标

第一，认识厨房保洁的基本工具和作业流程。

第二，掌握厨房保洁的操作方法，熟练有效地进行厨房保洁。

第三，开展劳动实践，教育、引导学生热爱家庭劳动、创造家庭美好生活。

所需工具（设备、物资）

百洁布、钢丝球、抹布、扫帚、吸尘器、拖把、垃圾铲、垃圾桶、厨房用清洁剂。

劳动安全须知

重视双手卫生，使用专用抹布。在厨房，只要用手接触了脏东西，就要马上洗手。洗手的时候，手指、指缝、手腕都要洗干净。清洗餐具、炊具，擦拭灶台、橱柜的抹布一定要分清，做到分开使用，分开清洗，分开晾晒。刷子、抹布应置于通风处挂放。

忙而不乱，安全第一。烦琐的清洁工作要做到忙而有序，安全第一。煤气在点燃的情况下，要在旁边照看。安全使用电炊具，不常用的电器用过之后要马上切断电源。不要用湿抹布擦拭开关面板及电源面板。用洗洁精清洗的餐具和食品一定要用清水冲洗干净，方可使用。

炊、餐具存放整洁有序。炊、餐具洗涤后，可放在餐具架上让其自然晾干。盆、碗等按大小归类后放入橱柜摆放。不常用地放在橱柜靠里面，常用地放在橱柜靠外面，随手可取，小心摆放，防止磕碰、摔坏。

正确使用清洁剂。在使用油污清洁剂时，不要用湿布擦拭乳化后的油污，要用干抹布或能吸水和油污的厨房用纸擦拭。消毒清洁剂用于油漆表面时要慎重，如厨房吊橱的油漆表面沾染油污，可用水稀释消毒清洁剂后，在不显眼处先擦拭一下，证明对表面光亮度和颜色无影响，方可使用。然后，用干布蘸上稀释液，小心擦拭，以防破坏油漆表面光泽。各种厨房清洁剂应集中放置在厨房指定位置，远离食品和餐具，远离儿童。

实践操作

一、准备

厨房是膳食烹饪的工作场所，是日常生活中做好保洁的重点。同学们应根据使用特点正确划分厨房区域，掌握各区域整理、保洁的基本知识及技能。厨房保洁的原则是卫生、安全、整洁。

工具准备：干、湿抹布若干，各种清洁剂、厨房用纸、刷子、钢丝绒、百洁布等。

自身准备：仪容整洁，头发不披肩，不留长指甲，不涂指甲油，洗净双手，不戴装饰物，围好围裙，戴好帽子，服装鞋袜整洁完好。

环境与物品准备：燃气灶、抽油烟机、操作台面、水斗、水龙头、厨房橱柜、不粘锅、不锈钢锅、铁锅、铝锅、铝合金锅、陶瓷、不锈钢餐具、小挂钩等。

二、作业流程

天花板（见图 1-11）保洁：①先将干毛头套在涂水器上，安装在伸缩杆上。②用干毛头将天花板的灰尘扫干净。需要注意的是，保洁前应盖好锅、碗、瓢、盆，以免掉落灰尘。保洁标准为天花板无灰尘。

墙面及挂件（见图 1-12）保洁：①喷洒厨房清洁剂至湿毛头上，将毛头套在涂水器上，擦拭墙面。需注意擦拭墙面上的顽固油渍。②用手指按住百洁布，清理墙面与橱柜接缝处的污渍。③用干毛巾擦墙面、墙面与橱柜接缝处，去除残留的水渍。④用半干的毛巾擦开关，将表面的污渍清洁干净，再用干毛巾擦开关。保洁标准为墙面、墙面与橱柜接缝处擦拭干净，无油污、无污渍、无水痕；电源开关及挂件擦拭无灰尘。

窗户（见图 1-13）保洁：①将毛头用水打湿，套在涂水器上，当玻璃上有较多油污时可倾倒玻璃清洁剂在毛头上。接着将涂水器装在伸缩杆上，再把涂水器靠在窗户内侧玻璃上，上下刮擦。②待玻璃被擦拭干净后，将玻璃刮刀放在玻璃上，从上到下刮擦，将多余的水分刮下来。③把干燥的玻璃毛巾挂在涂水器上，上下刮擦，将水迹擦干。④用小毛刷扫除窗槽和窗户缝隙中的灰尘。⑤用毛巾配合厨房清洁剂，湿擦窗框，去除顽固油渍。保洁标准为玻璃内侧透亮，无油渍、无水痕；窗槽内无灰尘；窗框无油渍。

图 1-11

图 1- 12

图 1- 13

厨房油烟机（见图 1-14）保洁：①拆取油烟机油盒，将内部油倒掉。②用小胶铲铲除油烟机上的顽固油污。③用喷有清洁剂的厨房毛巾浸湿油烟机表面（静置 10～15 分钟）。④用百洁布配合清洁剂擦拭油烟机表面，去污渍、去油。⑤用小缝刷来刷洗缝隙和较难清洗的部位。⑥再次湿擦油烟机表面至无污渍。⑦用毛巾收水至无水痕。⑧擦拭干净后，将油盒洗净，放置厨房用纸，装回原位即可。保洁标准为油烟机表面及油盒无油污、无水痕；油盒内垫纸。

冰箱（见图 1-15）保洁：①挪移冰箱顶部物品。②用湿布按“手掌 S 形手法”擦拭冰箱顶部。③用干布擦干水渍后，将物品归位。④采用“手掌 S 形手法”擦拭冰箱上半部分的正面和左右侧面。如果冰箱顶部油污太多，可以先喷除油剂，静待 3 分钟后，再用湿布擦拭。⑤擦拭门把手。⑥擦拭冰箱下半部分的正面和左右侧面。⑦用干布擦干冰箱表面的水渍。保洁标准为表面（顶上、左右两侧、门面）无灰尘、无油渍、无水渍；把手无污渍、无水渍。

锅、餐具（见图 1-16）保洁：①清洁餐具。用热水洗涤陶瓷、不锈钢餐具，如有油渍，可在洗碗布上滴少许洗洁精，逐个擦洗，然后用清水冲洗、擦干。洗涤顺序为先洗小件餐具，再洗大件餐具；先洗不带油的餐具，再洗带油的餐具，边洗边按顺序将餐具摆放在餐具架上晾干。不锈钢餐具要用软布清洗，洗后要擦干，不留水渍。②清洁锅具。用刷子刷洗铁锅，洗净后用干净的布擦干，避免生锈。用软布清洗不粘锅、铝锅、铝合金锅、不锈钢炊具。洗后擦干，不得留有水渍，放在通风干燥处，不使炊具受潮。③整理归位。将晾干的炊、餐具放入橱柜，存放有序，方便使用。洗净抹布、刷子等清洁工具，并分别挂放归位。收拾、整理使用过的清洁剂，并放回原处。保洁标准为锅、餐具表面无油渍、无水渍。

图 1–14

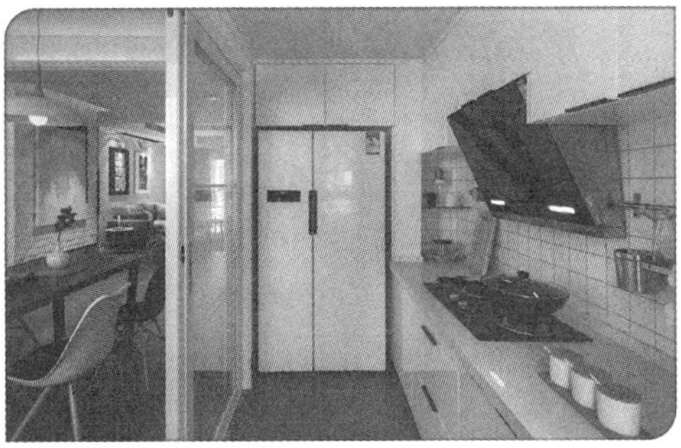

图 1– 15

图 1– 16

橱柜（见图 1-17）保洁：①清洁表面。使用厨房清洁剂湿擦橱柜表面，清洁残留清洁剂后擦干。②清洁顽固油污。使用百洁布擦拭顽固油污，清洁后擦干。保洁标准为橱柜表面无油污、无水痕；橱柜把手无油污、无水痕。需要注意的是，禁用钢丝球，不要乱用清洁剂。

灶台（见图 1-18）保洁：①将灶圈放在热水或含厨房清洁剂的水里浸泡 10～15 分钟，然后取出擦拭，清理干净。②用百洁布配合厨房清洁剂擦拭燃气灶台面。③用毛巾湿擦燃气灶台面至无污渍。④将灶圈装回原位，打火测试是否能够正常使用。⑤用厨房毛巾配合厨房清洁剂擦拭灶台表面。保洁标准为燃气灶台面无油污、无水痕。

微波炉（见图 1-19）保洁：使用毛巾湿擦一遍微波炉表面，再干擦一遍。保洁标准为微波炉表面无油渍、无水痕。

图 1–17

图 1– 18

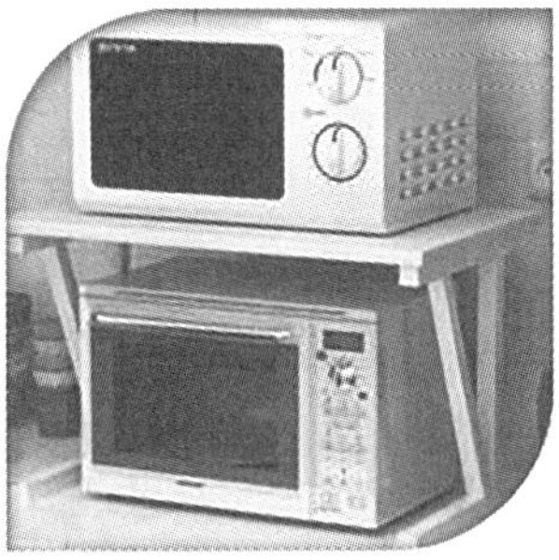

图 1– 19

调味瓶（见图 1-20）保洁：①用毛巾配合厨房清洁剂湿擦调味瓶。②把毛巾拧干擦拭。③将调味瓶按原位置摆放好。保洁标准为调味瓶无污渍、无水痕；调味瓶按原位置摆放。

洗菜池（见图 1-21）保洁：①清洁水龙头。擦拭水渍，锈迹较多时可配合厨房清洁剂擦拭，然后用清水洗净并擦干。②清洁洗菜池。将池壁擦拭干净，清理池底漏网，将清理出来的垃圾放入垃圾桶。保洁标准为洗菜池四周和出水口无污渍、无水珠；洗菜池台面无污痕、无水痕、不黏手；出水盖倒放，出水口开放。需要注意的是，若有餐具在洗菜池里面，需要先将餐具清洗干净放置；洗菜池的保洁顺序应该在厨房其余部分均打扫完毕后。

消毒碗柜（见图 1-22）保洁：用厨房毛巾湿擦一遍消毒碗柜表面，再干擦一遍。保洁标准为消毒碗柜表面无油污、无水痕。

图 1–20

图 1–21

图 1–22

垃圾桶（见图 1-23）保洁：①清理垃圾，并将垃圾袋提出放置一旁。②将厨房清洁剂倒在毛巾上，擦洗垃圾桶内外部，再用清水冲洗至无污渍。③更换新垃圾袋并带走垃圾。保洁标准为倾倒垃圾后，清洗垃圾桶内外部，清洗至无污渍，然后给垃圾桶套上干净的垃圾袋。需要注意的是，垃圾袋带走之前，必须要先确认是否可以扔掉垃圾，避免误扔垃圾。

门（见图 1-24）保洁：①将毛头浸水打湿，套在涂水器上，倒上厨房清洁剂，擦拭厨房门玻璃内外侧。②用毛巾湿擦门顶部、边沿和门把手，去除顽固油渍。③门上如有装饰的凹槽，须用手指顶住毛巾，伸入凹槽内清洁。④用毛巾擦干，去除残留水痕。保洁标准为门顶部和边沿无油渍、无灰尘、无水痕；门上玻璃无油渍、无灰尘、无水痕；门把手无油渍、无灰尘、无水痕。

地面（见图 1-25）保洁：①将尘推板装到伸缩杆上，再将地面尘推布粘在尘推板上。②将厨房清洁剂倒在地板上，采用紧密 S 形拖擦的手法清洁地面。保洁标准为地面擦拭干净，无油渍、无灰尘、无水痕。

图 1–23

图 1– 24

图 1– 25

学习资源

一、操作视频演示

厨房冰箱保洁　厨房橱柜清洁　厨房洗菜池保洁　厨房碗柜保洁

二、有关工具、设备、物资的使用常识

（一）擦洗类

1. 百洁布

百洁布（见图 1-26）是一种清洁用具，配合清洁剂使用，主要用于擦拭物品表面污渍。

图 1-26

（1）百洁布的种类

①传统丝瓜络：以丝瓜络制成的百洁布，带有天然结构空隙，无毒、无味，适用于清洗各种材质的器皿。

②单面百洁布：含有较多量的金刚砂成分，清洁效果好，常用于清洁锅具。

③双面海绵百洁布：这是最常见的百洁布种类。吸水性佳，易起泡，好搓洗，还可有效清洁难以刮除的污垢。

④木浆海绵百洁布：以木浆制作的薄型海绵，吸水力强、质地柔软，能深入脏污死角，适用于擦拭没有重油污的碗盘。

（2）百洁布的使用方法

①将百洁布浸透在清洁剂溶液中，然后拧至不滴水状态。

②用手掌将整块百洁布顶住，在需要清洁的地方来回推拉擦拭。

③清洁局部顽固污垢时，可用手指顶住百洁布，以增大擦拭力，来回推拉擦拭。

④清洁角落里的污垢时，将百洁布折叠，形成一个锥体，以其尖锥部分深入污垢处擦拭。

⑤清洁完毕后，用清水冲洗物品表面。

（3）百洁布的清洁

百洁布使用完毕后，应漂洗干净。漂洗时，用力不应过大，以免纤维失去弹性变硬，在清洁时划伤被清洁物表面。

2. 钢丝球

钢丝球（见图 1-27）的全称是金属钢丝清洁球，是一种细钢丝攒成的球状体，可以强力清除物体表面的牢固污垢。

图 1-27

（1）钢丝球的使用方法

①戴上橡胶手套，以防误伤操作人员的手。

②将钢丝球蘸取清洁剂溶液，放置于清洁物表面上直接擦除。

③擦拭时不可用力太大，以免损伤被清洁物。

④使用后要及时清洗，晾干待用。

（2）注意事项

钢丝球具有强大的摩擦力，一般用于锅底（有涂层的锅除外）、灶台不锈钢用具等。不适用于玻璃、瓷砖、不粘锅、木地板、浴室陶瓷用具、塑料用品等容易被摩擦损害的物体表面。使用后要仔细冲洗干净，不要留下残断的钢丝。

3. 抹布

抹布（见图 1-28）主要用于擦拭物品表面灰尘、油渍、水渍、污渍等，是常用的清洁工具。

图 1-28

（1）抹布的种类

根据材质的不同，抹布主要分为纤维抹布和纯棉抹布。一般情况下，纤维抹布用于厨房台面、玻璃表面的清洁。纯棉抹布用于家具、地面的清洁。不同区域使用的抹布需要分类、分区清洗及摆放。

（2）抹布的使用方法

①根据清洁的区域和物品选择合适的抹布。若需要使用湿抹布，则应将抹布拧至不滴水。

②使用时，将抹布对折3次，叠成8层，正反共16面（小块抹布可对折2次，叠成4层，正反面共8面），大小比手掌稍大一点。

③擦拭物品时应按同一方向进行擦拭，确保使用过的抹布不会造成二次污染。

④抹布的一面用脏后，再用另一面。

⑤所有抹布使用完毕后，将抹布洗干净后再用。

（3）抹布的清洁

①准备一盆水，放入清洁剂，搅拌均匀。

②把抹布放进盆中，浸泡半小时。

③往盆里倒入刚烧开的热水。热水有利于快速溶解油污，达到清洁的效果。

④把热水倒进之后，用筷子顺着一个方向搅动抹布。

⑤待水冷却后，再用手揉搓。最后用清水清洁干净，晾干。

（二）垃圾转移类

1. 扫帚

扫帚（见图1-29）是扫地除尘的常见工具，用于清除地面上的大件垃圾（如纸屑）时，清洁效果较好。

图 1-29

（1）扫帚的种类

扫帚根据材质的不同分为塑料扫帚、竹扫帚、高粱扫帚。室内常用的是塑料扫帚，竹扫帚常用来打扫院子及面积较大的场地或马路。

（2）扫帚的使用方法

①清扫时，用扫帚从身体左侧或右侧往前扫，缓慢前进并重复操作。

②要稳、沉、重、慢。不能将灰尘扬起，更不能使垃圾飞撒。

③地面灰尘较多时，每扫一下，应在地面上轻轻墩一墩，以排除粘在扫帚上的灰尘及垃圾。

④将垃圾及时扫入垃圾铲内，以免造成再次污染。

⑤墙角与地面夹角处的摆放物如果可以移动，应移动后再清扫。

⑥清扫完毕后，扫帚应放在垃圾铲中拿走，不能将扫帚悬空提走或在地面上拖走，以免扫帚上留存的垃圾、灰尘再次污染环境。

（3）扫帚的清洁

扫帚使用完毕后，应及时用水冲洗，并在荫凉、通风的地方晾干，放回原位备用。

2. 吸尘器

（1）吸尘器的种类

吸尘器（见图1-30）按结构可分为立式、卧式和便携式。它的工作原理是利用电动机带动叶片高速旋转，在密封的壳体内产生空气负压，将尘埃、脏物随空气吸入吸尘部分，经过滤再将垃圾收集到集尘袋中，达到清洁的目的。

（2）吸尘器的类型

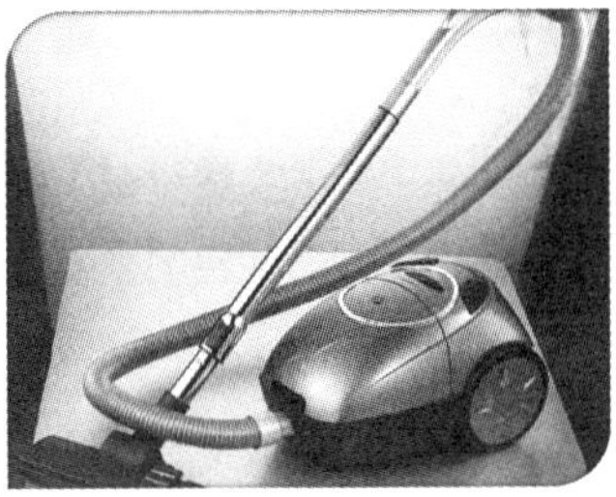

图 1–30

微型吸尘器：体积小，收纳方便，功率较小，多用于清洁衣物、绒面沙发、电器等。

普通吸尘器：按结构不同主要分为立式、便携式和卧式。用于地毯、地面、家具、家电和其他物品的除尘。

智能吸尘器：具有智能清扫、边缘清扫、自主导航、遥控清扫等功能，其噪声低、更节能。

（3）吸尘器的使用方法

①检查机体上所有部件是否安装到位，连接是否紧密。

②检查电源是否相符。

③根据清扫需要选择吸嘴或家具刷。

④开启电源开关，观察吸尘器的电动机运转是否正常。

⑤吸尘过程简单分为：起尘、吸尘、滤尘三步。

⑥使用结束后，关闭电源，如果是有线吸尘器，应收好电线。

⑦清除集尘袋积尘，清洁附件，放回固定的位置。

（4）注意事项

①吸尘器连续使用时间不超过半小时。

②吸尘器不能用来吸收具有腐蚀性、尖锐以及可能破坏吸尘器内部构件的物质。

③禁止使用未装过滤器的吸尘器，以免损坏主机。

④电源线不能强行硬拉超过极限标志，以免损坏收线设备。

⑤吸尘器如有故障，不能自行修理，以免发生触电危险。

⑥在使用吸尘器前，首先，应检查各部件是否完好，如发现部件破损，要及时修理。其次，要检查机器和电线是否完好无损，以防漏电发生意外。最后，检查尘袋中的灰尘是否已经清理干净，并定期更换新的储尘袋。禁止湿手操作，以免触电。

3. 拖把

拖把（见图 1-31）来源于抹布，由拖把杆与工作头组成。拖把是常用的擦洗地面和拖干地面的工具，既方便又省力。

（1）拖把的分类

图 1–31

拖把分除尘拖把（又叫尘推）、棉纱拖把（分圆头和扁头）、吸水海绵拖把、甩干拖把、平板拖等。

①除尘拖把。除尘拖把一般由拖把杆、拖把架和拖把罩组成，适用于大理石、地板等平整地面的除尘。

②棉纱拖把。棉纱拖把在长柄一端用各种材质布条做成拖把头，适用范围广，而且简便廉价。圆头棉纱拖把多用于拖擦地面，适用范围广；扁形活动式棉纱拖把用于拖擦边角，可浸水压干。

③吸水海绵拖。拖把头是胶棉，吸水性强，有拧水自洁的功能。拖地后用水冲洗，即可将胶棉上的脏东西冲掉，然后用力拉动拖把头拧水，把手即可轻松地将水分挤干。

④甩干拖把。甩干拖把主要采用的是离心力原理，利用人手或者脚的力量，使拖把头像在洗衣机里甩干一样甩掉水分。

⑤平板拖。平板拖适用于各种地面的清洁。根据拖把底板和替换头的结合方式，平板拖大致分为布

套式、胶粘式和夹固式三种。

（2）拖把的使用方法

①将干净的拖把浸湿、拧干。防止拖把过湿造成地面湿滑、人员滑倒。

②拖地前要先将毛发及灰尘等垃圾清除。拖地时，如是棉纱拖把，要把拖把散开，增大拖洗面积。

③清理人员上身向前微探（但不可太弯曲，取不易疲劳的自然姿势）；顺着地板的纹路，左右拖动，先拖擦角落，后拖擦中央。边擦边退，一直退到门口，将污垢清除。

④每个区域使用完毕后，把拖把清洁干净再使用，避免交叉污染。

（3）拖把的清洁

①清洗拖把最好用流动的水。拖把上有毛发黏住时，用刷子协助清除。

②拖把使用完毕后，搓洗干净，并且拧干放置通风处。

③每星期用消毒液进行消毒，将其放到通风且光照充足的地方，晾干后再放回卫生间。

4. 垃圾铲

人们通常称垃圾铲（见图 1-32）为“畚斗”，也叫“簸箕”。垃圾铲主要用于收集垃圾、杂物及灰尘。

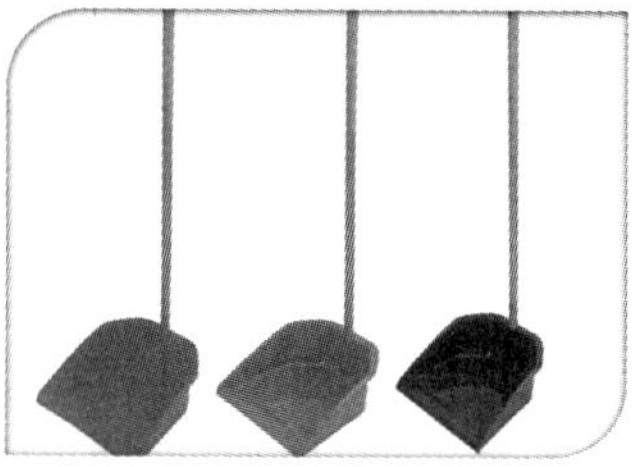

图 1-32

（1）垃圾铲的分类

材质：不锈钢、塑料。

特点：不锈钢垃圾铲强度好，但造型较差，易生锈。塑料垃圾铲色泽鲜艳，不易生锈，但易脱落损坏。

种类：无柄、长柄两种。

功能：敞口、防风两种。

（2）垃圾铲的使用方法

敞口垃圾铲：

①左手提垃圾铲，右手拿扫帚。

②清收垃圾时，垃圾铲底部平贴地面。

③右手把垃圾快速扫进，然后将垃圾铲提起。

④移动时，垃圾铲的敞口处不得低垂，以免垃圾掉落在地板上，造成再次污染。

⑤敞口垃圾铲盛有轻质垃圾（如纸片、泡沫塑料等）和灰尘时，要用扫帚抵住垃圾，避免垃圾和灰尘再扬起、掉落。

优点：倒垃圾的时候便捷。

防风垃圾铲：

①左手握垃圾铲拉杆，右手拿扫帚。

②收垃圾时，垃圾铲底部平贴地面。

③左手将拉杆向左后方向拉起，打开盖子，把垃圾快速扫进，最后将垃圾铲提起，垃圾铲盖自然关闭。

优点：将污物隐藏在垃圾铲内，保证其美观。

（3）垃圾铲的清洁

垃圾铲使用后，要及时用水清洗干净（必要时使用清洁剂），并晾干待用。

5. 垃圾桶

垃圾桶是装放垃圾的容器，是人们生活中“藏污纳垢”的容器。

（1）垃圾桶的分类

按盛放形式：独立垃圾桶和分类垃圾桶。

按加工材料：塑料垃圾桶、不锈钢垃圾桶、陶瓷垃圾桶、木质垃圾桶、水泥垃圾桶和纸浆垃圾桶。

按开启方式：敞口式、揭盖式、踩踏开盖式和感应开盖式（红外线）。

（2）垃圾桶的使用方法

①使用前观察桶内是否有污物，然后把大小合适的塑料袋放进垃圾桶内部。

②塑料袋边缘沿着桶边外翻收紧。

③放置在合适位置，当垃圾较多时，便可扎起袋丢掉。

（3）垃圾桶的清洁方法

用水将垃圾桶清洗干净，待晾干后将垃圾袋套在垃圾桶上，放回原处。

（4）注意事项

①选择小号垃圾桶，勤倒垃圾，以免滋生病菌。

②垃圾桶数量与分类方式相匹配，不要放置太多。

③垃圾桶应放置在通风较好的地方，及时散去垃圾产生的气味。

④厨房垃圾桶最好带盖，丢进垃圾后，随时封口。

⑤垃圾桶要做到每日一倒，及时清洗，消毒晾干。

（三）厨房用清洁剂类

1. 食品级洗洁精

洗洁精能迅速分解油腻，快速去污除菌。

（1）洗洁精的使用方法

直接使用法：

①将少量洗洁精挤在百洁布或洗碗布上。

②用百洁布或洗碗布来清洁餐具和其他厨房用品。

③用流动的水冲洗干净。

稀释使用法：

①将洗洁精用水稀释成 200～500 倍。

②蔬菜、水果或是餐具浸泡在稀释的溶液里，浸泡 5 分钟左右。

③浸洗的蔬菜水果或餐具用流动水清洁干净。

（2）注意事项

①使用洗洁精最好戴手套，以免对皮肤有损伤。

②皮肤有破损时，不宜使用洗洁精。

2. 油污清洁剂

油污清洁剂是一种乳化剂，可用于不锈钢、大理石等多种表面，能够清除厨房中特别油腻的污垢。

（1）油污清洁剂的使用方法

①戴上橡胶手套。

②将油污清洁剂喷在污垢处，稍待几分钟，等待油污发生乳化、分解。

③用干抹布或厨房用纸擦除油污，不可使用湿抹布擦拭。

④若有顽固的油污，可用刷子蘸上油污清洁剂刷除后，再用干抹布擦净。

（2）注意事项

①重油污清洁剂不易自干，且可能出现发白粉状物，所以处理后必须擦干。

②如清洁剂溅到皮肤上或眼内，应及时用清水冲洗干净。

3. 消毒清洁剂

消毒清洁剂可用于水果、蔬菜、茶杯、餐具、砧板等物品的消毒，也可用于冰箱、电话以及其他硬质物体表面的洗涤、消毒，可杀灭多种细菌。

（1）消毒清洁剂的使用方法

直接使用法：

①可将原液直接涂擦或喷洒在待处理的表面。

②使用清水冲洗或干净的抹布擦拭干净。

稀释使用法：

①按消毒清洁剂说明书的配比与清水混合。

②根据所要消毒的物品特性，选择浸泡、喷洒、擦拭的方法。

③用干净的抹布擦拭干净。

（2）注意事项

①应在同样场所进行小试，确认无误后再大面积使用。

②尽量避免与不锈钢、镀件、镀膜玻璃等表面接触。

③若不慎污染应尽快用水冲净残留液。

④放置在儿童碰不到的地方，若不慎口服，请立即就医。

4. 去污粉

去污粉的主要作用是除油、去污（垢）、增白。可用于擦洗灶具、冰柜、抽风扇、地面、浴缸或其他任意铝制品油污及污渍。

（1）去污粉的使用方法

①先戴上橡胶手套以防伤手。

②将去污粉倒在湿布或海绵上，擦拭待清洗表面（或先将待清洗表面弄湿，再直接撒上去污粉，用湿布或海绵擦拭）。

③最后用清水冲洗即可。

（2）注意事项

①去污粉应置于荫凉、通风、干燥处保存。

②去污粉不可食用，请放于儿童不能触及的地方。

③去污粉严禁用于擦洗镜面、不锈钢、抛光地面以及材质较软的物品。

考核评价

学生劳动情况评价单

<table>
<tr><td>课程名称</td><td>劳动教育</td><td>任务名称</td><td>厨房保洁</td></tr>
<tr><td colspan="4">学生姓名：________　鉴定人员姓名：________</td></tr>
<tr><td colspan="4">鉴定时间：________　鉴定地点：________</td></tr>
<tr><td colspan="4">口头或书面问题单</td></tr>
<tr><td colspan="4">任务步骤：回答所有的问题，问题的答案应符合劳动教育的要求</td></tr>
<tr><td>正确回答以下问题（请选择：口头 □ 书面 □）</td><td>对</td><td>错</td><td>备注</td></tr>
<tr><td>①能够说出厨房保洁所用工具的名字及用途</td><td>□</td><td>□</td><td></td></tr>
<tr><td>②能够说出厨房保洁的要领</td><td>□</td><td>□</td><td></td></tr>
<tr><td>③能够说出各种厨房保洁工具使用的基本要求</td><td>□</td><td>□</td><td></td></tr>
<tr><td>④能够识别厨房保洁作业的安全要求</td><td>□</td><td>□</td><td></td></tr>
<tr><td>第 1 次鉴定结果</td><td colspan="3">合格 □　不合格 □</td></tr>
<tr><td>第 2 次鉴定结果</td><td colspan="3">合格 □　不合格 □</td></tr>
<tr><td colspan="4">练习和观察清单</td></tr>
<tr><td colspan="4">任务说明：确认学生具有厨房保洁劳动的能力
任务 1：整理厨房保洁的工具和物品
任务 2：厨房保洁作业</td></tr>
<tr><td colspan="4">鉴定步骤：需要展示所有技能，并被鉴定人员观察到</td></tr>
<tr><td>学生是否具备下列技能（由鉴定人员填写）：</td><td>是</td><td>否</td><td>备注</td></tr>
<tr><td>①是否遵循了安全操作规程</td><td>□</td><td>□</td><td></td></tr>
<tr><td>②是否识别了安全危害，并采用安全程序</td><td>□</td><td>□</td><td></td></tr>
<tr><td>③是否采用了正确的作业程序和信息，包括工具使用说明、清洁剂使用说明、安全规范等</td><td>□</td><td>□</td><td></td></tr>
<tr><td>④是否选用了正确的设备和方法</td><td>□</td><td>□</td><td></td></tr>
<tr><td>⑤能否正确完成以上两个任务</td><td>□</td><td>□</td><td></td></tr>
<tr><td colspan="4">学生的劳动体会（由学生本人填写）：</td></tr>
<tr><td rowspan="3">鉴定意见</td><td>第 1 次鉴定结果</td><td colspan="2">合格 □　不合格 □</td></tr>
<tr><td>第 2 次鉴定结果</td><td colspan="2">合格 □　不合格 □</td></tr>
<tr><td>终结性鉴定结果</td><td colspan="2">合格 □　不合格 □</td></tr>
<tr><td colspan="4">签字说明学生的表现，完成任务的能力和对理论的理解
鉴定人员签字：　　日期：</td></tr>
<tr><td colspan="4">签字说明同意上述鉴定结果
学生签字：　　日期：</td></tr>
</table>

>>> 实践项目 4 浴厕保洁

项目名称

浴厕保洁

劳动目标

第一，认识浴厕保洁的基本工具和作业流程。

第二，掌握浴厕内不同位置清洁的操作方法，熟练有效地进行清理和收纳。

第三，开展劳动实践，教育、引导学生热爱家庭劳动、创造家庭美好生活。

所需工具（设备、物资）

扫把、簸箕、拖把、抹布若干、收纳箱、橡胶手套、马桶刷、刷子、清洁桶、水瓢、清洁剂、洁厕灵、口罩。

劳动安全须知

工作环境安全：实施前检查工具是否齐全完好，如有损坏应及时更换；检查浴厕电器是否有安全隐患，防止漏水触电；检查浴厕设施是否有破损，防止划伤；如需清洁高处，须有同伴协作实施。

个人防护安全：实施过程中应正确佩戴橡胶手套、口罩等防护用品；着装要舒适，行动要稳重，谨防滑倒和液体喷溅到身体上。

清洁用品安全：使用清洁剂前要认真查看使用说明，按要求操作，切勿将不同类型的清洁剂混合，以免产生有毒气体或爆炸；如不慎被清洁剂弄伤眼睛或皮肤，应按照说明正确处置，必要时就医。

实践操作

一、准备

①提前告知家人浴厕保洁事项，让家人做好应对准备。

②检查保洁用品是否齐全，检查浴厕内是否有安全隐患。

③穿好防护设备。

二、作业流程

①打开门窗通风，关闭浴厕内电器电源。

②马桶内如有杂物，先用夹子夹出，然后冲水。倒入洁厕灵后，根据使用说明等待若干分钟。到时间以后，将马桶内侧用马桶刷刷洗干净，同时用抹布将马桶外部表面清理干净。检查冲水是否正常，如正常即完成马桶的清理。

③用湿抹布、刷子、清洁剂等清洁浴厕隔板上的污迹。如是浴缸，用抹布擦洗，如有难清理的水锈，用适量的清洁剂，用刷子将水锈刷洗干净，注意不用浴缸时，浴缸里不要储水，以免滋生细菌。

④用清洁剂和抹布或刷子清理洗面盆。从左到右抹干净洗漱台面，再用抹布从上到下将镜子擦拭干净，必要时使用清洁剂或水。将洗漱台上物品整齐放回原位；水龙头也要清洗干净，保持光亮。

⑤擦拭墙面、天花板、排气扇、卫生间门及门框，清理高处时注意安全，必要时找家人协助。

⑥地面如有杂物先用扫把和簸箕清理干净，地面较脏的位置要使用清洁剂，要特别注意清洁便池周边地面和地漏上的毛发。

⑦最后检查是否有漏项。

⑧各项作业完成后保持浴厕通风。

学习资源

一、操作演示视频

浴厕保洁

二、有关工具、设备、物资的使用常识

使用清洁剂时要选择正确酸碱度的产品，对浴厕内不同的位置应采用不同类型的清洁剂，以免造成腐蚀。使用清洁剂时要根据说明调成适当的浓度，以提高去污效果，最后要注意将清洁剂擦拭干净。

抹布要专布专用，根据不同用途选择不同类型的抹布，不要将一块抹布用到任何方面。对于用过的抹布要勤于清洗，做好消毒，并及时做好更换。

考核评价

学生劳动情况评价单

课程名称	劳动教育	任务名称	浴厕保洁		
学生姓名：______________ 鉴定人员姓名：______________					
鉴定时间：______________ 鉴定地点：______________					
口头或书面问题单					
任务步骤：回答所有的问题，问题的答案应符合劳动教育的要求					
正确回答以下问题（请选择：口头 □ 书面 □）			对	错	备注
①能够说出浴厕保洁所用工具的名字及用途			□	□	
②能够说出浴厕保洁的要领			□	□	
③能够说出各种浴厕保洁工具使用的基本要求			□	□	
④能够识别浴厕保洁作业的安全要求			□	□	
第 1 次鉴定结果		合格 □ 不合格 □			
第 2 次鉴定结果		合格 □ 不合格 □			
练习和观察清单					
任务说明：确认学生具有浴厕保洁劳动的能力 任务 1：整理浴厕保洁的工具和物品 任务 2：浴厕保洁作业					
鉴定步骤：需要展示所有技能，并被鉴定人员观察到					
学生是否具备下列技能：			是	否	备注
①是否遵循了安全操作规程			□	□	
②是否识别了安全危害，并采用安全程序			□	□	
③是否采用了正确的作业程序和信息，包括工具使用说明、清洁剂使用说明、安全规范等			□	□	
④是否选用了正确的设备和方法			□	□	
⑤能否正确完成以上两个任务			□	□	
第 1 次鉴定结果		合格 □ 不合格 □			
第 2 次鉴定结果		合格 □ 不合格 □			
终结性鉴定结果		合格 □ 不合格 □			
给学生的反馈： 如果不合格，需要重新鉴定的说明：					
签字说明学生的表现，完成任务的能力和对理论的理解 鉴定人员签字： 日期：					
签字说明同意上述鉴定结果 学生签字： 日期：					

第二单元 衣物洗整

>>> 实践项目 1 衣物洗涤

项目名称

衣物洗涤

劳动目标

第一，了解衣物洗涤的基本原则与分类。

第二，掌握衣物洗涤的基本步骤与注意事项。

所需工具（设备、物资）

洗涤盆、洗涤用品、洗涤刷、洗衣机、橡胶手套、收纳筐。

劳动安全须知

工作环境安全：实施前要检查工具是否齐全完好，符合不同衣物材质要求的洗涤用品，如有损坏应及时更换；检查洗涤场所是否存在安全隐患，防止漏水触电；检查洗衣设施是否有破损，防止划伤；检查地面是否湿滑，注意作业过程中身体的平稳。

个人防护安全：实施过程中应着装要有防护，行动要稳重，谨防滑倒、洗涤物和污液喷溅到身体上。

洗涤用品安全：使用清洁剂前要认真查看使用说明，按要求操作，漂白剂等慎用，如果出现皮肤起疹子、发痒等不舒服现象，应按照说明正确处置，必要时就医。

实践操作

一、衣物洗涤基本知识

（一）洗衣原则

为防止洗衣过程中的交叉污染损害人体健康，一定要坚持以下原则：

①各人的衣服最好单独洗，至少应把小孩和大人的衣物分开洗；健康者和病者的衣服分开洗。

②内衣和外衣分开洗。

③不太脏的衣服和太脏的衣服分开洗。

④内衣裤和袜子最好单独用手洗。

⑤洗衣时不要放太多洗涤剂，要多漂洗几次，特别是内衣裤更应这样。

⑥干洗的衣服拿回来要充分晾晒，等化学洗涤剂完全挥发后再穿。

⑦洗衣机应常清洗和消毒。

（二）洗衣前的准备工作

洗衣前的准备工作主要分为三个步骤：清理衣物→进行分类→选择洗涤方法。具体操作如下。

1.清理衣物

①检查服装口袋。检查服装口袋内是否有物品，如钱币、首饰、钥匙和票据等，若有物品应及时取出，

并抖净口袋里的烟沫或灰尘，以免在洗涤时污染服装或磨损机器。

②检查衣物特殊污垢。衣物在洗涤前，要检查衣物是否有特殊污垢或染色，若发现有，应选出以便在洗涤前做处理。

③整理衣物。有带子和纽扣的衣物要系上带子，扣上纽扣；有拉链的衣物要拉上拉链，防止衣物洗涤后变形。将毛绒的衣物翻过来，反面朝外，防止洗涤造成毛绒粘连。

2. 分类要求

①按衣物的用途，分为床上用品、装饰用品和服装类。服装类又分为内衣、外衣、上装和下装类。

②按衣物的材质，分为棉麻、丝绸、毛和化纤类。

③按衣物所用材料的结构，分为机织和针织类。

④按衣物的颜色，分为浅色、中色和深色类。

（三）洗涤方法选择

手洗：丝绸、毛衣、起绒、弹力材质的衣物要选择手洗。

机洗：棉麻、化纤材质的衣物可选择机洗。

干洗：毛料的衣物应选择干洗，否则会造成衣物缩绒，衣物变形。

（四）根据衣物的质料选择洗衣粉

最好选用合成洗衣粉，如用低泡沫或无泡沫洗衣粉更佳。合成洗衣粉大致分为中性、弱碱性和强碱性三种。

①在洗涤丝绸、毛类织物时，用中性或弱碱性为宜。

②在洗涤油污较多的棉麻织物时，用强碱性最佳。

③在洗涤有血迹、油污等斑迹的衣物时，可选用加酶洗衣粉。

④在洗涤有铁锈的织物时，宜选用含硼酸钠的洗衣粉。

（五）洗衣粉的用量选择

洗衣粉使用过量，既浪费又不易漂洗干净；用量过少，则会减弱洗涤效果。洗衣粉的用量要根据洗涤对象来定。

（六）使用洗衣粉的水温选择

使用洗衣粉泡洗衣服时的水温，一般为 50℃～70℃。使用超浓缩洗衣粉，水温可稍低些。使用加酶洗衣粉，水温在 45℃～60℃。水温高于 60℃会造成酶死亡而丧失活力；水温太低，酶的活力就不能充分发挥。

二、衣物洗涤基本步骤

（一）基础手洗步骤

衣物的分类→衣物的浸泡→衣物的洗涤→衣物的洗后处理。以下根据洗涤用品分类介绍。

1. 洗衣皂洗衣

①衣物的分类：深色且易褪色的衣物（如黑色、红色、深蓝色）和浅色的衣物（如白色、淡黄色）分开；外衣和内衣要分开。

②衣物的浸泡：（冲洗）衣物在放洗涤剂前，选用清水浸泡使水充分渗透衣物，使纤维充分膨胀，可以将存在于衣物表面的污垢除去，为后面的洗涤做好准备。

③衣物的洗涤：用肥皂按照一定的顺序，如从上到下或者从左到右的顺序将衣物抹一遍，如果衣物较脏可多抹点，然后开始揉搓衣物，用肥皂的量以出泡沫为准。重点洗涤部位是领口、前襟、袖口部分，裤子的重点洗涤部位是屁股、膝盖和裤口部分，这些部位可适当多抹些肥皂，有脏的印迹要加力反复揉搓，直到干净为止。最后将衣物上的泡沫挤干。

清洗衣物次数一般为 3 次，清洗时应揉搓衣物将上面的泡沫除去，每次洗完要将衣物拧干。为了节约用水，可先洗不褪色的衣物，接着洗褪色的衣物。

④衣物的洗后处理：可使用柔软剂浸泡衣物，使衣物有良好的光泽、手感。

2. 洗衣粉（洗衣液）洗衣

衣物的分类：同洗衣皂洗衣的第①步。

衣物的浸泡：根据衣物量注入清水，水温一般不超过 30℃，按照洗衣粉（洗衣液）包装上的用量放入适当的洗衣粉（洗衣液），搅匀后放入衣物，浸泡 10 分钟左右。

衣物的洗涤：洗涤方法基本同洗衣皂洗衣。根据衣物肮脏的程度决定揉搓的力度和时间，对衣服的领口、前襟、袖口部分和裤子的屁股、膝盖和裤口部分应重点关注，不能轻易去掉的印迹要单独抹少量洗衣粉（洗衣液）或者用肥皂加力揉搓，直到干净为止。最后将衣物上的泡沫尽量挤干。由于使用洗衣粉（洗衣液）不易掌握用量，很容易出现泡沫过多的情况，如果清洗 3 次都没有将泡沫完全除去，应增加清洗次数，不要留下洗衣粉的白色泡沫，避免浅色的衣服干了之后留下痕迹。

衣物的洗后处理：同洗衣皂洗衣第④步。

（二）基础洗衣机的清洗方法

使用洗衣机清洗可分为以下步骤：衣物的分类→衣物的浸泡、冲洗→衣物的主洗→衣物的投漂→衣物的洗后处理。具体操作见以下步骤。

1. 衣物的分类

同洗衣皂洗衣的第①步。

2. 衣物的浸泡、冲洗

①衣物的浸泡。衣物的浸泡是指用清水对需要洗涤的衣物浸泡，使水充分渗透衣物的纤维，在主洗之前使衣物膨胀，提高衣物的洗涤效果。衣物的浸泡时间要根据衣物的分类及染色牢固程度而定。

②衣物的冲洗。衣物冲洗的目的是将附着在衣物表面上、能溶于水的污垢与衣物脱离溶入水中，从而节约洗涤剂。一般衣物的冲洗时间为 1.5～3 分钟，根据冲洗水的浑浊程度定冲洗次数。

3. 衣物的主洗

衣物的主洗是衣物洗涤的主要阶段，是以水、洗涤剂与污物间所发生的物理、化学作用，配合洗衣机的机械运动的复杂过程，通过洗涤设备作用力、水的温度、洗涤剂的密切配合，达到去掉衣物污垢的目的。要根据衣物的分类定衣物主洗的时间，在不伤害衣物色泽与纤维结构的基础上，最大限度地去除衣物污垢。

4. 衣物的漂洗

衣物的漂洗是指将主洗后的衣物中残存的洗涤剂和含有污垢的洗涤液，向水中扩散的过程。衣物和水混在一起，通过机械运动将衣物漂洗干净。衣物漂洗的时间和次数，根据衣物的分类和吸湿性而定。

5. 衣物的洗后处理

衣物的洗后处理是解决衣物在水洗后，手感粗糙，易产生静电，使人皮肤感到不适的问题。方法是在衣物投漂干净后，放入柔软剂再冲洗一次。

（三）衣物洗涤的注意事项

1. 手工洗衣

手洗衣物首先应做到衣物勤洗、勤换。正确的洗涤方法是：

①先用温水浸泡脏衣物，但不宜泡时间过长，让衣物充分湿透，尤其是特别脏的衣物，泡的时间越长越难清洗。衣物一般浸泡 15 分钟左右，水温不超过 40℃。

②洗涤衣物要有重点，领口、袖口易脏，应多加些洗涤剂，重点揉搓，直到洗净为止。

2. 洗衣机洗衣

①洗衣前，应检查衣服口袋，看是否有钥匙、小刀、硬币等金属物品，这些硬物不要随衣服放进洗衣机。

②洗衣的重量不要超过洗衣机的额定容量，否则由于负荷过重可能损坏电机。

③严禁将刚使用汽油等易燃液体擦洗过的衣服，立即放进洗衣机内洗涤。更不能为除油污，向洗衣机内倒汽油。

④应遵循先洗新衣物，后洗旧衣物的原则。

（四）鞋类的洗刷

1. 皮鞋、旅游鞋的清洁

①先用布将鞋面、鞋底、鞋跟的尘土擦去。

②根据不同鞋面颜色选择鞋油，用鞋刷将鞋油均匀地涂在鞋面上。

③用小毛刷将鞋沿刷干净，涂上鞋油。

④用布反复擦鞋面，直到光亮为止。

2. 布鞋、球鞋的清洁

（1）清洁准备

①准备刷鞋的硬毛刷、软毛刷。

②准备好刷鞋的盆和水。

③准备好洗衣液或洗衣粉。

④将鞋带解下，鞋内的渣土倒干净。

（2）清洁

①用干爽的硬毛刷按照鞋外面、鞋帮、鞋外底的顺序将尘土刷净。

②将鞋带沾上皂液揉搓干净，拿起放在一边等待漂洗。

③将鞋完全浸泡在水中。

④将鞋拿起，把洗衣液或洗衣粉均匀地涂在鞋内底、鞋面上，用软毛刷按照先里后外，先上后下，先鞋面后鞋帮的顺序反复刷洗鞋，直至干净为止。

⑤用同样的方法清洗鞋底，然后将鞋内的水沥干。

⑥换清水将鞋带和鞋反复清洗，直到清洗干净，没有洗衣液残留为止。

⑦将鞋内的水沥干。把物品放回原位，将地面打扫干净。

（3）晾晒

①将鞋带晾在晒衣杆上。

②将鞋倾斜晾在晒台上或者用专用鞋架晾晒。

③将晾干的鞋带穿在鞋帮上，并且给鞋整形。

小贴士：鞋类洗刷注意事项

①鞋带和鞋一定要分开清洗，否则会造成清洗不干净或相互染色。

②鞋子在下水前要将外部尘土清洁干净。

③鞋带在晾晒时要打个结，以防止掉在地上或被风吹跑。

④如果是花色的布鞋和球鞋，在晾晒时要盖上一层白纸，以防掉色。

学习资源

衣物洗涤

考核评价

学生劳动情况评价单

<table>
<tr><td>课程名称</td><td>劳动教育</td><td colspan="2">任务名称</td><td colspan="3">衣物洗涤</td></tr>
<tr><td colspan="7">学生姓名：______________ 鉴定人员姓名：______________</td></tr>
<tr><td colspan="7">鉴定时间：______________ 鉴定地点：______________</td></tr>
<tr><td colspan="7">口头或书面问题单</td></tr>
<tr><td colspan="7">任务步骤：回答所有的问题，问题的答案应符合劳动教育的要求</td></tr>
<tr><td colspan="4">正确回答以下问题（请选择：口头 □ 书面 □）</td><td>对</td><td>错</td><td>备注</td></tr>
<tr><td colspan="4">①能够懂得衣物洗涤的基本原则与分类</td><td>□</td><td>□</td><td></td></tr>
<tr><td colspan="4">②能够明确衣物洗涤的基本步骤</td><td>□</td><td>□</td><td></td></tr>
<tr><td colspan="4">③能够知晓衣物洗涤的注意事项</td><td>□</td><td>□</td><td></td></tr>
<tr><td colspan="4">④能够掌握衣物洗涤的安全要求</td><td>□</td><td>□</td><td></td></tr>
<tr><td colspan="3">第 1 次鉴定结果</td><td colspan="4">合格 □ 不合格 □</td></tr>
<tr><td colspan="3">第 2 次鉴定结果</td><td colspan="4">合格 □ 不合格 □</td></tr>
<tr><td colspan="7">练习和观察清单</td></tr>
<tr><td colspan="7">任务说明：确认学生具有衣物洗涤的能力
任务 1：手洗衣物
任务 2：手洗鞋子</td></tr>
<tr><td colspan="7">鉴定步骤：需要展示所有技能，并被鉴定人员观察到</td></tr>
<tr><td colspan="4">学生是否具备下列技能（由鉴定人员填写）：</td><td>是</td><td>否</td><td>备注</td></tr>
<tr><td colspan="4">①是否遵循了衣物洗涤基本要求</td><td>□</td><td>□</td><td></td></tr>
<tr><td colspan="4">②是否识别了安全危害，并采用安全防护措施</td><td>□</td><td>□</td><td></td></tr>
<tr><td colspan="4">③是否采用了正确的注意事项，包括洗涤剂的使用说明、安全规范等</td><td>□</td><td>□</td><td></td></tr>
<tr><td colspan="4">④能否正确完成以上两个任务</td><td>□</td><td>□</td><td></td></tr>
<tr><td colspan="7">学生的劳动体会（由学生本人填写）：</td></tr>
<tr><td rowspan="3">鉴定意见</td><td colspan="2">第 1 次鉴定结果</td><td colspan="4">合格 □ 不合格 □</td></tr>
<tr><td colspan="2">第 2 次鉴定结果</td><td colspan="4">合格 □ 不合格 □</td></tr>
<tr><td colspan="2">终结性鉴定结果</td><td colspan="4">合格 □ 不合格 □</td></tr>
<tr><td colspan="7">签字说明学生的表现，完成任务的能力和对理论的理解
鉴定人员签字： 日期：</td></tr>
<tr><td colspan="7">签字说明同意上述鉴定结果
学生签字： 日期：</td></tr>
</table>

>>> 实践项目 2　衣物晾晒

项目名称

衣物晾晒

劳动目标

第一，了解不同衣物晾晒的基本原则。

第二，掌握衣物晾晒的基本步骤，根据衣物特性运用不同晾晒方式。

第三，通过劳动服务自我，乐于劳动。

所需工具（设备、物资）

晾衣架、晾衣绳、晾衣夹、海绵、清洁剂、甘油或凡士林等。

劳动安全须知

第一，晒衣服须避免阳光直射，应在荫凉通风处晾至半干时，再放到较弱的太阳光下晒干，以保护衣服的色泽和穿着寿命。尤其是像毛、绸、尼龙等材质的衣服，经直射光照后，往往颜色变黄，因此这类衣服应在树荫下阴干。

第二，晒衣服尽量选通风荫凉处。凡是白色、毛织物，以阴干最合适。

第三，晾衣服时，衣服可能会被风吹到一起或者吹落。可将绳子两端对折打结，将绳圈一侧搭在晾衣绳上，另一侧从圈中穿出。

第四，不要把晾衣夹留在晾衣绳上。

实践操作

不同衣物的晾晒方法

①巧晒棉麻衣物：为避免白色衣物变黄，晾晒白色棉麻类衣物，一晒干需立即收起来。这是为了避免经过太阳的照射后，洗衣剂中的荧光染料吸收了大量阳光，使衣服变黄。

②巧晒丝质衣物：丝质衣物宜用毛巾包住衣物挤出水分，再将衣物翻转挂于荫凉处晾干。注意丝绸在阳光下暴晒会脆化变黄，故不宜受阳光直射。

③巧晒毛衣：为了防止毛衣晒后变形，应将毛衣平铺晾在有空格的木板或塑胶板上。

④巧晒皮革衣物：清洗后或被雨淋湿的皮衣，不能直接暴露于阳光，而应以毛巾将水分吸干，再于水渍处均匀地涂上甘油或凡士林，再挂在衣架上，置于温暖的室内待其慢慢晾干。当衬里清洁后，则应把衬里翻出，挂于荫凉处晾干。

⑤巧晒被子：以化纤面料为被里、被面的棉被不宜在阳光下暴晒，以防温度过高烤坏化学纤维，晒时可在被子上盖一层布，防止被阳光直接晒到。

⑥巧晒羽绒被：羽绒被吸湿性能和排湿性能都十分好，不需频繁晾晒，若在户外晒时，需盖上一块布，经一小时的通风即可，也可在阴凉处晾一小时。

⑦巧晒厚毛毯：将毛毯沿对角线晾晒在晒衣绳上，可使晾干所需要的时间大大缩短。

⑧巧晒化纤衣物：如果清洗化纤衣服，最好不要甩干，直接晾晒在衣架上即可，防止起皱。

⑨巧晒枕头：要经常清洗枕巾和枕套，经常将枕芯拿到太阳底下暴晒消毒，有条件的家庭可常换枕芯，以加强健康保障。

劳动实践小妙招

1. 定期清洁晾衣绳

每个月用厨房用海绵、一点清洁剂和清水，为晾衣绳做一次快速清洗，在使用前晾干。

2. 衣物晾晒的防皱方法

挂 T 恤时在褶边上沿着绳稍微对折，然后在每一端夹一个夹子。

如果想使产生的褶皱最少化，挂短裤和长裤时沿腰带处挂在绳上。

如果肩部是直的，沿着肩部挂连衣裙；如果有一个大摆裙或褶皱裙，从缝边处挂；或者可能的话从挂耳处挂（这样褶皱更少一些）。

挂直裙时沿腰际线对折并夹住两端。

挂内裤时沿腰际线在绳上折叠，然后将两端夹好。在绳上对折手帕，然后在每一端夹好。

挂毛巾时一端沿绳折叠，然后夹住两端。为了使毛巾在晾晒后仍然柔软，在挂毛巾前反复抖毛巾，产生啪啪声。这样做会使毛巾面松弛。从绳上取下毛巾时重复同样动作。

挂被单时沿缝边折叠，沿绳夹住一边缝边，然后把另一边缝边夹在第一边的折角处，夹进去几厘米即可。让被单朝向风，用手抚到各个角确保被单平整。

学习资源

衣物晾晒

考核评价

学生劳动情况评价单

课程名称	劳动教育	任务名称	衣物晾晒
学生姓名：______	鉴定人员姓名：______		
鉴定时间：______	鉴定地点：______		
口头或书面问题单			
任务步骤：回答所有的问题，问题的答案应符合劳动教育的要求			
正确回答以下问题（请选择：口头 □ 书面 □）	对	错	备注
①能够懂得衣物晾晒的基本原则与分类	□	□	
②能够明确衣物晾晒的基本步骤	□	□	
③能够知晓衣物晾晒的注意事项	□	□	
④能够掌握衣物晾晒的安全要求	□	□	
第 1 次鉴定结果	合格 □	不合格 □	
第 2 次鉴定结果	合格 □	不合格 □	
练习和观察清单			
任务说明：确认学生具有晾晒衣物的能力 任务 1：晾晒被子和枕头 任务 2：晾晒棉麻衣服			
鉴定步骤：需要展示所有技能，并被鉴定人员观察到			
学生是否具备下列技能（由鉴定人员填写）：	是	否	备注
①是否遵循了衣物晾晒的基本要求	□	□	
②是否识别了安全危害，并采用安全防护措施	□	□	
③是否采用了正确的注意事项，包括晾衣夹、衣物晾晒防护的使用说明、安全规范等	□	□	
④能否正确完成以上两个任务	□	□	
学生的劳动体会（由学生本人填写）：			
鉴定意见	第 1 次鉴定结果	合格 □	不合格 □
	第 2 次鉴定结果	合格 □	不合格 □
	终结性鉴定结果	合格 □	不合格 □
签字说明学生的表现，完成任务的能力和对理论的理解 鉴定人员签字：　　日期：			
签字说明同意上述鉴定结果 学生签字：　　日期：			

>>> 实践项目 3　衣物收纳

项目名称

衣物收纳

劳动目标

第一，认识衣物收纳的基本工具和作业流程。

第二，掌握多种衣物收纳的操作方法，保护好衣物。

第三，开展劳动实践，教育、引导学生热爱家庭劳动、创造家庭美好生活。

所需工具（设备、物资）

衣架、裤架、衣柜、储物箱、收纳箱、真空压缩袋、挂钩、鞋架、分隔板等。

劳动安全须知

第一，避免将太重的物品摆放在高处，以免拿取时砸伤自己。

第二，拿取收纳物品时，注意塑料收纳物品容易划伤皮肤，做到轻拿轻放。

实践操作

一、准备

准备好干净的收纳物品（部分收纳物品先擦拭晾晒后使用）；准备好干净的衣物。

二、作业流程

（一）熟悉不同类型衣物的折叠方法

1. 针织衫和毛衣的折叠方法（基本叠法）

①衣服的背面朝上，将两个袖子向内侧折叠，使袖子保持水平。

②将毛衣的两侧向后折起，宽度会减少一半。

③一边注意袖子的部分，一边从距下摆的三分之一处向上折一次。

④再向上折一次，即完成（也可根据放置的空间，将衣物对折）。

2. 裤子的折叠方法

①把裤子平铺在桌子上，再把两条裤管对折起来。

②用手将不平整的地方抚平，确保裤子平整。

3. T 恤的折叠方法

①将衣服背面朝上铺平。

②将两边的袖口往内折一部分。

③对折，注意保持下部分宽度与领口对齐。

为了方便收纳，占用更少的收纳空间，也可以在原基础上将 T 恤卷起来。

4. 袜子的折叠方法

方法一：把左右两只袜子对齐，从袜子 1/3 处折起，尽量把其分成 3 等份，然后把其中一只袜子的袜口外翻，套住两只袜子即可。

方法二：将两只袜子重合叠放在一起，然后从底部开始卷，竖立放入收纳盒中即可。

5. 内衣的折叠方法

①将内衣对折后，把横带折叠在上面。

②卷起吊带叠在内衣里头，一起收纳在收纳盒里。

6. 领带的折叠方法

①首先将领带对折，然后卷起来。

②将卷起来的领带放进收纳盒中即可（领带也可以挂在衣柜的门内侧）。

（二）善于使用收纳盒

宿舍生活可用的收纳盒各式各样，如果你的衣服很多，储物箱也是不错的选择。被子可以用真空储物袋装起来，防潮效果好。内衣也有储物盒，拿取比较方便。

（三）不同季节的衣物，不同的衣物收纳方法

春季衣物有厚有薄，可灵活收纳，轻薄的衣物采用夏季衣物收纳方式，较为厚重的衣物可采用冬季收纳方式。夏季衣物单薄，可选用多种多样的收纳方式，用储物箱、盒子打包放置起来，可以为衣柜留出空间收纳冬季衣物。秋季以毛衣为主，大多可以折叠起来放置，不用和大衣一起挤在狭窄的衣柜里，可选择放在衣柜的下层。冬季以厚重的中长衣物为主，悬挂在衣杆上，既不会导致衣物褶皱，也不会造成空间浪费。

（四）了解多种收纳法

层叠标签收纳法：摆放好衣物后，可以依据材质和适宜穿着的季节制作小标签卡，夹在叠好的衣物中或者贴在抽屉格上，便于快速找到想要穿的衣物，一目了然。

颜色分类法：对衣物按照季节和材质划分整理后，将各个收纳柜中的衣物依据不同色调重新摆放，如衣橱中的衬衣由浅到深，抽屉中的袜子也可按照同样的方法摆放。需要注意的是，即使是同一季节、颜色相近的衣服，也要注意衣服的材质，如真丝衣物容易受到氧化而发黄或变色，因此不能与棉质衣服摆放在一起。

小格收纳法：可以利用一些类似抽屉的小型收纳盒，摆放袜子、围巾、手套等小物件，与其他物品区分开，更显整洁。

学习资源

一、操作演示视频

衣物收纳

二、有关工具、设备、物资的使用常识

要保持衣物整洁，避免乱堆乱放，造成衣物褶皱；要了解衣物面料成分（棉、麻、真丝、羊毛、涤纶、醋酯纤维等），掌握收纳方法，并且注意防潮防霉。

考核评价

学生劳动情况评价单

<table>
<tr><td>课程名称</td><td>劳动教育</td><td>任务名称</td><td colspan="3">衣物收纳</td></tr>
<tr><td colspan="6">学生姓名：__________　鉴定人员姓名：__________</td></tr>
<tr><td colspan="6">鉴定时间：__________　鉴定地点：__________</td></tr>
<tr><td colspan="6">口头或书面问题单</td></tr>
<tr><td colspan="6">任务步骤：回答所有的问题，问题的答案应符合劳动教育的要求</td></tr>
<tr><td colspan="3">正确回答以下问题（请选择：口头 □ 书面 □）</td><td>对</td><td>错</td><td>备注</td></tr>
<tr><td colspan="3">①能够说出劳动所用工具的名字及用途</td><td>□</td><td>□</td><td></td></tr>
<tr><td colspan="3">②能够说出衣物的面料成分</td><td>□</td><td>□</td><td></td></tr>
<tr><td colspan="3">③能够说出衣物折叠、收纳的方法</td><td>□</td><td>□</td><td></td></tr>
<tr><td colspan="2">第 1 次鉴定结果</td><td colspan="4">合格 □　不合格 □</td></tr>
<tr><td colspan="2">第 2 次鉴定结果</td><td colspan="4">合格 □　不合格 □</td></tr>
<tr><td colspan="6">练习和观察清单</td></tr>
<tr><td colspan="6">任务说明：确认学生具有衣物收纳的能力
任务 1：整理衣物收纳的工具和物品
任务 2：衣物收纳作业</td></tr>
<tr><td colspan="6">鉴定步骤：需要展示所有技能，并被鉴定人员观察到</td></tr>
<tr><td colspan="3">学生是否具备下列技能（由鉴定人员填写）：</td><td>是</td><td>否</td><td>备注</td></tr>
<tr><td colspan="3">①是否遵循了安全操作规程</td><td>□</td><td>□</td><td></td></tr>
<tr><td colspan="3">②是否采用了正确的作业程序和信息</td><td>□</td><td>□</td><td></td></tr>
<tr><td colspan="3">③是否选用了正确的工具和方法</td><td>□</td><td>□</td><td></td></tr>
<tr><td colspan="3">④是否将衣物折叠、收纳整齐</td><td>□</td><td>□</td><td></td></tr>
<tr><td colspan="6">学生的劳动体会（由学生本人填写）：</td></tr>
<tr><td rowspan="3">鉴定意见</td><td>第 1 次鉴定结果</td><td colspan="4">合格 □　不合格 □</td></tr>
<tr><td>第 2 次鉴定结果</td><td colspan="4">合格 □　不合格 □</td></tr>
<tr><td>终结性鉴定结果</td><td colspan="4">合格 □　不合格 □</td></tr>
<tr><td colspan="6">签字说明学生的表现，完成任务的能力和对理论的理解
鉴定人员签字：　　日期：</td></tr>
<tr><td colspan="6">签字说明同意上述鉴定结果
学生签字：　　日期：</td></tr>
</table>

第三单元　食品制作

>>> 实践项目 1　水饺制作

项目名称

水饺制作

劳动目标

第一，了解水饺制作所需食材和主要器具。

第二，掌握水饺制作的基本流程，并独立完成水饺制作。

第三，培养学生掌握一项家庭生活技能，形成良好的劳动习惯。

所需工具（设备、物资）

所需食材：

面粉、猪肉、小葱、饮用水、食用盐等。

主要器具：

菜刀、面板、不锈钢盆、擀面杖、筷子、竹篾簸箕或托盘、汤锅。

实践操作

一、准备

①检查燃气灶、油烟机等是否存在安全隐患，如有请及时维修或更换。

②检查食材是否准备齐全，如有遗漏请及时补充。

③检查器具是否齐全完好，如有损坏请及时更换。

④穿好围裙，避免弄脏衣服。

二、制作流程

制作流程分为和面、备馅、做水饺皮、包水饺和煮水饺五个环节。

（1）和面

和面：面粉中加入少量盐和水，将面粉搅拌均匀，成面疙瘩状。

揉面：将面疙瘩揉成团，然后在面盆中反复来回地揉十分钟，稍停一会儿，然后再揉十分钟，揉的过程中，手用水打湿，直至面团光滑。

醒面：用干净的纱布盖上，将面团醒一小时左右（根据气温适当调整醒面时间）。

（2）备馅

①将猪肉和小葱洗干净，把猪肉剁成馅，小葱切成末儿待用。

②将小葱末儿倒入肉馅，并加入少量酱油、精盐和少许糖（糖可根据个人喜好加或不加），拌均匀

后待用。

（3）做水饺皮

①将面板撒上面粉，把醒好的面团，拉揉成圆形的面柱，用刀切下小段（面段的大小可以根据所需要做水饺的大小灵活掌握）。

②用擀面杖将面段压成薄片，原则上水饺皮的四周要比中间的稍薄。

（4）包水饺

①把水饺馅放入面皮中间，将四周捏合起来，半成品的水饺就完成了。

②如果要存放，先将水饺平摊在冰箱冷冻柜中冻 20 分钟左右，再用保鲜袋装好冷冻，这样就不会黏合在一起了。

（5）煮水饺

①在锅中加入清水，将水煮至八成开，放入水饺，将水饺煮至浮至清水表面。

②捞出，装盘，即可食用。

注意事项

①菜市场有水饺皮销售，若无和面经验，可以到市场上买现成的水饺皮。

②本劳动项目以猪肉水饺制作为例，食材建议比例为：面粉 200 克、猪肉 500 克、鸡蛋 1 个、小葱 250 克、饮用水、食用盐等调味品少许。

③可以根据个人和家庭喜好，制作香菇青菜等素馅水饺或其他荤馅水饺。

④制作的水饺大小尽可能匀称，水饺皮不宜太薄，以免在烧煮的过程中出现破皮露馅的现象。

学习资源

水饺制作

考核评价

学生劳动情况评价单

<table>
<tr><td>课程名称</td><td>劳动教育</td><td>任务名称</td><td>水饺制作</td></tr>
<tr><td colspan="4">学生姓名：__________　鉴定人员姓名：__________</td></tr>
<tr><td colspan="4">鉴定时间：__________　鉴定地点：__________</td></tr>
<tr><td colspan="4">口头或书面问题单</td></tr>
<tr><td colspan="4">任务步骤：回答所有的问题，问题的答案应符合劳动教育的要求</td></tr>
<tr><td>正确回答以下问题（请选择：口头 □ 书面 □）</td><td>对</td><td>错</td><td>备注</td></tr>
<tr><td>①能够说出水饺制作所需食材和主要器具</td><td>□</td><td>□</td><td></td></tr>
<tr><td>②能够说出水饺制作的主要步骤及先后顺序</td><td>□</td><td>□</td><td></td></tr>
<tr><td>③能够判断水饺是否煮熟</td><td>□</td><td>□</td><td></td></tr>
<tr><td>第 1 次鉴定结果</td><td colspan="3">合格 □　不合格 □</td></tr>
<tr><td>第 2 次鉴定结果</td><td colspan="3">合格 □　不合格 □</td></tr>
<tr><td colspan="4">练习和观察清单</td></tr>
<tr><td colspan="4">任务说明：确认学生具有水饺制作的能力
任务 1：准备水饺制作所需食材和主要器具
任务 2：制作水饺
任务 3：煮水饺</td></tr>
<tr><td colspan="4">鉴定步骤：需要展示所有技能，并被鉴定人员观察到</td></tr>
<tr><td>学生是否具备下列技能（由鉴定人员填写）：</td><td>是</td><td>否</td><td>备注</td></tr>
<tr><td>①是否进行了操作前的准备</td><td>□</td><td>□</td><td></td></tr>
<tr><td>②是否准备了所需食材和主要器具</td><td>□</td><td>□</td><td></td></tr>
<tr><td>③是否采用了正确的制作程序</td><td>□</td><td>□</td><td></td></tr>
<tr><td>④是否完成了水饺煮制</td><td>□</td><td>□</td><td></td></tr>
<tr><td>⑤能否正确完成以上任务</td><td>□</td><td>□</td><td></td></tr>
<tr><td colspan="4">学生的劳动体会（由学生本人填写）：</td></tr>
<tr><td rowspan="3">鉴定意见</td><td>第 1 次鉴定结果</td><td colspan="2">合格 □　不合格 □</td></tr>
<tr><td>第 2 次鉴定结果</td><td colspan="2">合格 □　不合格 □</td></tr>
<tr><td>终结性鉴定结果</td><td colspan="2">合格 □　不合格 □</td></tr>
<tr><td colspan="4">签字说明学生的表现，完成任务的能力和对理论的理解
鉴定人员签字：　　　日期：</td></tr>
<tr><td colspan="4">签字说明同意上述鉴定结果
学生签字：　　　日期：</td></tr>
</table>

>>> 实践项目 2　汤圆制作

项目名称

汤圆制作

劳动目标

第一，了解汤圆制作所需食材和主要器具。

第二，掌握汤圆制作基本流程，并独立完成汤圆制作。

第三，开展劳动实践，教育、引导学生热爱传统文化，传承传统美食。

所需工具（设备、物资）

所需食材：

水磨糯米粉、黑芝麻、猪油、白糖、纯净水。

主要器具：

炒锅、小石臼、不锈钢盆、一次性 PVC 手套、竹篾簸箕或托盘、汤锅。

实践操作

一、准备

①检查燃气灶、油烟机等是否存在安全隐患，如有请及时维修或更换。

②检查食材是否准备齐全，如有遗漏请及时补充。

③检查器具是否齐全完好，如有损坏请及时更换。

④穿好围裙，避免弄脏衣服。

二、制作流程

①将黑芝麻清洗干净，沥干。

②将沥干的黑芝麻放入炒锅中，用小火炒出香味，出锅冷却备用。

③用小石臼将炒熟的黑芝麻捣成粉末儿。

④将捣碎的黑芝麻末儿、猪油、白糖放入不锈钢盆中。

⑤戴好一次性 PVC 手套，用手将盆中的黑芝麻末儿、猪油、白糖揉搓均匀，完成馅料制作。

⑥将揉搓好的馅料分成指甲盖大小的颗粒，放在竹篾簸箕或托盘中备用。

⑦更换一次性 PVC 手套后，在另一个不锈钢盆中放入适量糯米粉。

⑧分次往盆中倒入适量纯净水，注意每次加水不要过多，加水后要用手揉搓磨米粉，如加水过多可再放入适量糯米粉。

⑨将糯米粉揉搓成光滑有弹性的面团。

⑩将糯米面团分成小块，大小约为馅料的两倍。

⑪取一块分好的糯米面小块，在中间搓出一个圆洞。

⑫将分好的馅料放入搓出的圆洞中，继续揉搓成球形，这样一个汤圆就包好了。

⑬将包好的汤圆放到竹篾簸箕或托盘中，重复⑩～⑫步，完成汤圆的制作。

⑭往汤锅中倒入适量的水。

⑮水开后，放入包好的汤圆。

⑯汤圆浮起后即可出锅食用。

注意事项

①如家中不方便制作汤圆馅料，可直接购买做好的馅料。

②汤圆放置过久易变质。煮熟的汤圆如呈红色，说明已经变质，应避免食用。

学习资源

汤圆制作

考核评价

学生劳动情况评价单

课程名称	劳动教育	任务名称	汤圆制作
学生姓名：__________ 鉴定人员姓名：__________			
鉴定时间：__________ 鉴定地点：__________			
口头或书面问题单			
任务步骤：回答所有的问题，问题的答案应符合劳动教育的要求			
正确回答以下问题（请选择：口头 □ 书面 □）	对	错	备注
①能够说出汤圆制作所需食材和主要器具	□	□	
②能够说出汤圆制作的主要步骤及先后顺序	□	□	
③能够判断汤圆是否煮熟	□	□	
④能够判断汤圆是否变质	□	□	
第 1 次鉴定结果	合格 □ 不合格 □		
第 2 次鉴定结果	合格 □ 不合格 □		
练习和观察清单			
任务说明：确认学生具有制作汤圆的能力 任务 1：准备制作汤圆所需食材和主要器具 任务 2：制作汤圆			
鉴定步骤：需要展示所有技能，并被鉴定人员观察到			
学生是否具备下列技能（由鉴定人员填写）：	是	否	备注
①是否进行了操作前的准备	□	□	
②是否准备了所需食材和主要器具	□	□	
③是否采用了正确的制作程序	□	□	
④是否完成了汤圆制作	□	□	
⑤能否正确完成以上两个任务	□	□	
学生的劳动体会（由学生本人填写）：			
鉴定意见	第 1 次鉴定结果	合格 □ 不合格 □	
	第 2 次鉴定结果	合格 □ 不合格 □	
	终结性鉴定结果	合格 □ 不合格 □	
签字说明学生的表现，完成任务的能力和对理论的理解 鉴定人员签字： 日期：			
签字说明同意上述鉴定结果 学生签字： 日期：			

>>> 实践项目 3　粽子制作

项目名称

粽子制作

劳动目标

第一，认识粽子制作的基本工具和作业流程。

第二，掌握包粽子的方法。

第三，开展劳动实践，教育、引导学生尊重普通劳动者，珍惜劳动成果，养成热爱劳动的习惯，塑造职业精神。

所需工具（设备、物资）

红豆蜜枣粽（见图 1-33）：

粽叶、糯米、红豆、蜜枣、粽绳。

咸蛋黄鲜肉粽（见图 1-34）：

粽叶、糯米、五花肉、咸蛋黄、粽绳。

图 1-33

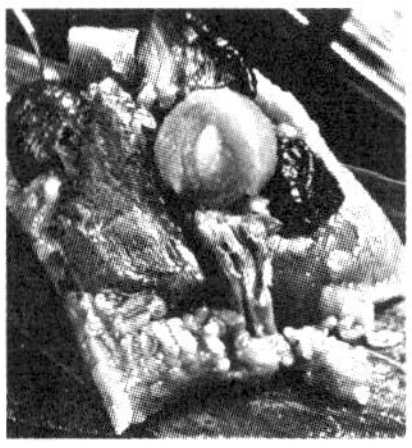

图 1-34

劳动安全须知

工作环境安全：做粽子前要检查工具和物资是否齐全，如有缺失应及时补全。

个人防护安全：粽叶易割手，洗粽叶时需格外小心。

实践操作

粽，即粽粑，俗称粽子，主要材料是糯米、馅料，用箬叶（或柊叶、簕古子叶等）包裹而成，形状多样，主要有尖角状、四角状等。粽子由来久远，最初是用来祭祀祖先和神灵。但最为人们熟知的说法，是为了纪念爱国诗人屈原。粽子的南北叫法不同，北方产黍，用黍米做粽，角状，古时候在北方称“角黍”。由于各地饮食习惯的不同，粽子形成了南北风味；从口味上分，粽子有咸粽和甜粽两大类。

粽子种类繁多，从馅料看，北方有包小枣的北京枣粽；南方则有绿豆、五花肉、豆沙、八宝、火腿、冬菇、蛋黄等多种馅料，其中以广东咸肉粽、浙江嘉兴粽子为代表。2012 年粽子入选纪录片《舌尖上的中国》第二集《主食的故事》。

一、准备

红豆蜜枣粽

①将糯米淘洗干净，放入清水里浸泡 2 小时备用。

②将红豆洗净，浸泡 6 小时以上。

③将红豆和糯米放在一起拌匀。

④洗净粽叶。

⑤剪掉粽叶的两头。

⑥洗净的粽叶放入锅内煮约 3 分钟取出，用凉开水浸泡，备用。

咸蛋黄鲜肉粽

①将糯米淘洗干净，放入清水里浸泡 2 小时备用。

②腌制五花肉。

③洗净粽叶。

④剪掉粽叶的两头。

⑤洗净的粽叶放入锅内煮，约 3 分钟后取出，用凉开水浸泡，备用。

二、作业流程

红豆蜜枣粽

①将粽叶光滑的一面朝上，两张错开叠在一起。

②食指和大拇指捏住粽叶的上沿，右手拿起粽叶向左边的三分之一卷起，重复一次卷的动作，成为一个漏斗的形状。

③用指头的尖部顶一下，拇指捏住交叉的头，装一点米，用筷子捅紧。

④再装一点米后加入蜜枣，并重复一次。

⑤用勺子继续装米到粽叶的水平线后压实。

⑥将覆盖的粽叶向里对折后包起。

⑦将多余的叶片压到粽子上。

⑧用手握紧，用粽绳绑紧即可。

咸蛋黄鲜肉粽

①将粽叶光滑的一面朝上，两张错开叠在一起。

②食指和大拇指捏住粽叶的上沿，右手拿起粽叶向左边的三分之一卷起，重复一次卷的动作，成为一个漏斗的形状。

③用手指的尖部顶一下，拇指捏住交叉的头，装一点米，用筷子捅紧。

④放入 1～2 片腌制好的五花肉，再填一层糯米盖住五花肉，压实。

⑤放入一个咸蛋黄，再填一层糯米盖住咸蛋黄。

⑥用勺子继续装米到粽叶的水平线后压实。

⑦将覆盖的粽叶向里对折后包起。

⑧将多余的叶片压到粽子上。

⑨用手握紧，用粽绳绑紧即可。

学习资源

一、操作演示视频

粽子制作

二、有关工具、设备、物资的使用常识

所有工具、设备、物资在使用前要保持干净卫生。

考核评价

学生劳动情况评价单

<table>
<tr><td>课程名称</td><td>劳动教育</td><td>任务名称</td><td colspan="3">粽子制作</td></tr>
<tr><td colspan="6">学生姓名：______________　鉴定人员姓名：______________</td></tr>
<tr><td colspan="6">鉴定时间：______________　鉴定地点：______________</td></tr>
<tr><td colspan="6">口头或书面问题单</td></tr>
<tr><td colspan="6">任务步骤：回答所有的问题，问题的答案应符合劳动教育的要求</td></tr>
<tr><td colspan="3">正确回答以下问题（请选择：口头 □ 书面 □）</td><td>对</td><td>错</td><td>备注</td></tr>
<tr><td colspan="3">①能够说出包粽子所用工具的名字及用途</td><td>□</td><td>□</td><td></td></tr>
<tr><td colspan="3">②能够说出包粽子的要领</td><td>□</td><td>□</td><td></td></tr>
<tr><td colspan="3">③能够说出各种工具使用的基本要求</td><td>□</td><td>□</td><td></td></tr>
<tr><td colspan="3">④能够识别包粽子的安全要求</td><td>□</td><td>□</td><td></td></tr>
<tr><td colspan="2">第 1 次鉴定结果</td><td colspan="4">合格 □　不合格 □</td></tr>
<tr><td colspan="2">第 2 次鉴定结果</td><td colspan="4">合格 □　不合格 □</td></tr>
<tr><td colspan="6">练习和观察清单</td></tr>
<tr><td colspan="6">任务说明：确认学生具有包粽子的能力
任务 1：整理包粽子的工具和物品
任务 2：包粽子</td></tr>
<tr><td colspan="6">鉴定步骤：需要展示所有技能，并被鉴定人员观察到</td></tr>
<tr><td colspan="3">学生是否具备下列技能（由鉴定人员填写）：</td><td>是</td><td>否</td><td>备注</td></tr>
<tr><td colspan="3">①是否遵循了安全操作规程</td><td>□</td><td>□</td><td></td></tr>
<tr><td colspan="3">②是否识别了安全危害，并采用安全程序</td><td>□</td><td>□</td><td></td></tr>
<tr><td colspan="3">③是否采用了正确的作业程序和信息，包括工具使用说明、安全规范等</td><td>□</td><td>□</td><td></td></tr>
<tr><td colspan="3">④是否选用了正确的设备和方法</td><td>□</td><td>□</td><td></td></tr>
<tr><td colspan="3">⑤能否正确完成以上两个任务</td><td>□</td><td>□</td><td></td></tr>
<tr><td colspan="6">学生的劳动体会（由学生本人填写）：</td></tr>
<tr><td rowspan="3">鉴定意见</td><td>第 1 次鉴定结果</td><td colspan="4">合格 □　不合格 □</td></tr>
<tr><td>第 2 次鉴定结果</td><td colspan="4">合格 □　不合格 □</td></tr>
<tr><td>终结性鉴定结果</td><td colspan="4">合格 □　不合格 □</td></tr>
<tr><td colspan="6">签字说明学生的表现，完成任务的能力和对理论的理解
鉴定人员签字：　　日期：</td></tr>
<tr><td colspan="6">签字说明同意上述鉴定结果
学生签字：　　日期：</td></tr>
</table>

>>> 实践项目 4　蛋糕制作

项目名称

杧果慕斯蛋糕制作

劳动目标

第一，掌握杧果慕斯蛋糕制作的方法和基本流程，提高动手操作能力。

第二，尝试制作不同种类、口味的蛋糕。

第三，体验厨房劳动乐趣，培养热爱生活、热爱劳动的品德。

所需工具（设备、物资）

所需食材：

第一层蛋糕：消化饼干 150 g，黄油 65 g。

第二层蛋糕：奶油奶酪 180 g，淡奶油 250 g（冷藏 24 小时以上），白砂糖 40 g，吉利丁片 3.5 片，冷开水（矿泉水）40 g。

第三层蛋糕：淡奶油 100 g（冷藏 24 小时以上），白砂糖 25 g，酸奶 100 g，杧果丁 150 g，吉利丁片 2.5 片，冷开水（矿泉水）40 g。

第四层蛋糕：杧果泥 80 g，冷开水（矿泉水）40 g，吉利丁片 1 片。

所需器材：

料理盆、硅胶刮刀、料理机、磨具、硅油纸、保鲜膜、打蛋器。

劳动安全须知

工作环境安全：制作蛋糕前要检查所用电器是否齐全完好，如有损坏应及时更换；检查厨房插电是否有安全隐患，防止漏水触电。

个人防护安全：制作过程中，注意电动打蛋器、料理机的正确使用，着装要舒适，行动要稳重，谨防划伤。

食品安全：所需原材料必须新鲜，通过正规超市购买，谨防过期或不合格食材导致食物中毒。

实践操作

第一层蛋糕制作

①黄油隔水融化，用料理机将消化饼干打成碎末儿（越细腻越好）。

②将融化的黄油和料理好的消化饼干碎末儿倒入料理盆搅拌，充分混合，尽量使饼干碎末儿都能蘸到黄油。

③将混合好的黄油饼干碎末儿倒入垫有干净硅油纸的模具中，用硅胶刮刀压平压实，完成第一层蛋糕。

④盖上保鲜膜，放入冰箱冷藏。

第二层蛋糕制作

①软化奶油奶酪，将软化好的奶油奶酪放入料理盆，用电动打蛋器打发至顺滑。

②将淡奶油及白砂糖一起放入料理杯内，用打蛋器打发至有纹路即可。

③将打发好的淡奶油与奶油奶酪搅拌，充分混合，备用。

④将吉利丁片撕成小片，放入冷开水（矿泉水）软化，软化后将其放入60℃温水进行溶解，溶解过程中可使用硅胶刮刀搅拌，加速其溶解。

⑤将融化后的吉利丁片液导入淡奶油与奶油奶酪的混合物，搅拌至充分混合，完成第二层蛋糕糊。

⑥从冰箱中取出装有第一层蛋糕的模具，将第二层蛋糕糊倒入，轻轻震动模具，使第二层蛋糕糊平整均匀地铺在第一层蛋糕上。

⑦盖上保鲜膜，放入冰箱冷藏1小时。

第三层蛋糕制作

①将淡奶油及白砂糖一起放入料理杯内，用电动打蛋器打至有纹路即可。

②将酸奶倒入料理杯中，用电动打蛋器低速将酸奶和打发后的淡奶油搅拌，混合均匀，混合后倒入料理盆中备用。

③将吉利丁片撕成小片，放入冷开水（矿泉水）软化，软化后用60℃温水进行溶解，溶解过程中可使用硅胶刮刀搅拌，加速其溶解。

④将融化后的吉利丁片液倒入淡奶油与酸奶的混合物，搅拌，充分混合，完成第三层蛋糕糊。

⑤从冰箱中取出装有二层蛋糕的模具，将第三层蛋糕糊倒入，用硅胶刮刀刮平，使第三层蛋糕糊平整均匀地铺在第二层蛋糕上。

⑥将杧果丁均匀地铺在第三层蛋糕糊上，轻轻震动模具，使蛋糕表面平整。

⑦盖上保鲜膜，放入冰箱冷藏。

第四层蛋糕制作

①将杧果丁放入料理机，用料理棒打成杧果泥，制作杧果泥过程中，适量加水，使杧果泥越细腻越好。

②将吉利丁片撕成小片，放入冷开水（矿泉水）软化，软化后用60℃温水进行溶解，溶解过程中可使用硅胶刮刀搅拌，加速其溶解。

③将融化后的吉利丁片液倒入杧果泥中，搅拌，充分混合。

④从冰箱中取出装有三层蛋糕的模具，将第四层杧果泥均匀倒入，轻轻晃动模具，使杧果泥平整均匀的铺在第三层蛋糕上，形成杧果泥镜面。

⑤盖上保鲜膜，放入冰箱冷藏半小时。

半小时后，取出蛋糕，脱模，根据个人喜好，在蛋糕表层放上杧果、蓝莓、香草、饼干等装饰物，即完成蛋糕制作。

学习资源

一、操作演示视频

蛋糕制作

二、有关慕斯蛋糕制作的常识

（1）淡奶油打发（淡奶油冷藏 12 小时以上易打发）

6 分打发状态：将淡奶油从冷藏室取出，加适量白砂糖，用电动打蛋器的高速挡打发，当淡奶油出现纹路，且仍具有很强流动性的时候即为 6 分打发状态，适用于制作慕斯、提拉米苏、冰激凌。

7～8 分打发状态：把淡奶油打到 6 分打发状态时，将电动打蛋器调整到低速挡，继续打发，当淡奶油的纹路不再消失，奶油没有流动性的时候即为 7～8 分打发状态，此时提起打蛋器会看到奶油呈现不弯曲的小尖角，适用于抹面、裱花。

10 分打发状态：继续低速打发淡奶油，当淡奶油明显变硬变粗糙时，即为 10 分打发状态，适用于制作蛋糕卷的夹馅或者奶油夹层。

油水分离状态：将 10 分打发状态的淡奶油继续打发，可以看到淡奶油呈现出豆腐渣状态，最后油水分离，此时淡奶油不适于制作任何材料。

（2）吉利丁片的使用注意事项

吉利丁片制作的甜品需冷藏保存，防止在温热的环境下融化变形。

吉利丁片制作的甜品最好密封保存，防止出现胶质表层。

吉利丁片不可浸泡时间太长，否则会软成一团，影响凝固效果。

考核评价

学生劳动情况评价单

<table>
<tr><td>课程名称</td><td>劳动教育</td><td colspan="2">任务名称</td><td colspan="3">杧果慕斯蛋糕制作</td></tr>
<tr><td colspan="7">学生姓名：__________　鉴定人员姓名：__________</td></tr>
<tr><td colspan="7">鉴定时间：__________　鉴定地点：__________</td></tr>
<tr><td colspan="7">口头或书面问题单</td></tr>
<tr><td colspan="7">任务步骤：回答所有的问题，问题的答案应符合劳动教育的要求</td></tr>
<tr><td colspan="4">正确回答以下问题（请选择：口头 □ 书面 □）</td><td>对</td><td>错</td><td>备注</td></tr>
<tr><td colspan="4">①能够说出慕斯蛋糕制作的烘焙用具及主要食材的名字及用途</td><td>□</td><td>□</td><td></td></tr>
<tr><td colspan="4">②能够说出慕斯蛋糕制作的基本程序</td><td>□</td><td>□</td><td></td></tr>
<tr><td colspan="4">③能够说出淡奶油打发的程度</td><td>□</td><td>□</td><td></td></tr>
<tr><td colspan="4">④能够说出吉利丁片的使用注意事项</td><td>□</td><td>□</td><td></td></tr>
<tr><td colspan="3">第 1 次鉴定结果</td><td colspan="4">合格 □　不合格 □</td></tr>
<tr><td colspan="3">第 2 次鉴定结果</td><td colspan="4">合格 □　不合格 □</td></tr>
<tr><td colspan="7">练习和观察清单</td></tr>
<tr><td colspan="7">任务说明：确认学生具有制作慕斯蛋糕的能力
任务：制作杧果慕斯蛋糕</td></tr>
<tr><td colspan="7">鉴定步骤：需要展示所有技能，并被鉴定人员观察到</td></tr>
<tr><td colspan="4">学生是否具备下列技能（由鉴定人员填写）：</td><td>是</td><td>否</td><td>备注</td></tr>
<tr><td colspan="4">①是否能够正确采购食材</td><td>□</td><td>□</td><td></td></tr>
<tr><td colspan="4">②是否能够正确使用制作蛋糕的各种烘焙用具和正确处理食材</td><td>□</td><td>□</td><td></td></tr>
<tr><td colspan="4">③能否正确完成杧果慕斯蛋糕制作任务</td><td>□</td><td>□</td><td></td></tr>
<tr><td colspan="7">学生的劳动体会（由学生本人填写）：</td></tr>
<tr><td rowspan="3">鉴定意见</td><td colspan="2">第 1 次鉴定结果</td><td colspan="4">合格 □　不合格 □</td></tr>
<tr><td colspan="2">第 2 次鉴定结果</td><td colspan="4">合格 □　不合格 □</td></tr>
<tr><td colspan="2">终结性鉴定结果</td><td colspan="4">合格 □　不合格 □</td></tr>
<tr><td colspan="7">签字说明学生的表现、完成任务的能力和对理论的理解
鉴定人员签字：　日期：</td></tr>
<tr><td colspan="7">签字说明同意上述鉴定结果
学生签字：　日期：</td></tr>
</table>

第二部分　职业体验篇

第一单元　自我管理

>>> 实践项目 1　门岗安保

项目名称

门岗安保

劳动目标

第一，掌握校园门岗测温、扫码、入校登记的流程，体验校卫队在门岗的工作。

第二，体验校卫队的巡逻工作。

第三，认识常用的安保器材，掌握其使用方法。

第四，通过门岗安保劳动体验，让学生了解校卫队的辛苦付出，使学生懂得尊重劳动者，养成热爱劳动的良好习惯。

所需工具（设备、物资）

测温枪 2 支，警棍、盾牌、防暴钢叉、抓捕器若干，口罩、消毒洗手液若干，袖标、工作证若干。

劳动安全须知

个人防护安全：①使用七步洗手法，做好手部消毒。②佩戴口罩，做好面部防护。③穿合适的运动鞋和运动服，防止劳动时受伤。

工作环境安全：①注意礼貌用语，避免与别人发生冲突。②小心来往车辆，注意交通安全。

器材使用安全：①检查安保器材，如发现器材损坏，请及时报告。②安保器材具有一定危险性，需要在指导下操作，严禁使用安保器材玩耍打闹。③操作完安保器材后，需要将安保器材进行清洁并放回原位。

实践操作

一、准备

①掌握个人防护、工作环境、器材使用的安全注意事项。

②掌握巡逻路线及巡逻注意事项。

二、作业流程

（1）安保器材的操作与佩带

警棍、盾牌、防暴钢叉、抓捕器的使用培训。

（2）开展门岗执勤工作

①问询来访人员。②使用测温枪测温。③提醒入校人员出示健康码（绿码）。④登记入校人员信息。

注：如果是校内师生及其他员工入校，需要记录其入校时间、体温等信息；如果是外来人员入校，需要记录其入校时间、体温、车牌号、联系方式等信息。

（3）开展校园巡逻工作

①开展校内主要道路的巡逻。②开展校园围墙周界的巡逻。③注意校内有无可疑人员，注意校园围墙有无破损，如发现翻越围墙、打架、燃放烟花爆竹等危险行为要及时报告，处理突发事件尽量避免冲突。

学习资源

一、操作演示视频

七步洗手法视频　　测温枪使用视频　　警棍盾牌操视频　　防暴演练视频

二、相关设备的使用常识

（1）防暴盾牌的使用方法

在使用防暴盾牌时，先将左臂穿套在挂带内，然后左手握住手柄，右手可持警棍、橡胶棍等，达到攻防兼备的效果。

警棍盾牌操

第一动　劈弹截击

用途：劈击头、肩，弹踢裆、腹部，截击喉部。

动作要领：左脚上步的同时，左手持盾牌向前推挡，右脚跟进，迅速收回盾牌；右手持警棍由上向下劈击，盾牌置于身体左侧，目视前方。重心前移，提起右腿，大腿抬平，脚背绷直，猛力向前弹踢与腹同高，并迅速收回；右脚向前落地成右弓步的同时，右手持警棍从腰侧向前截击，警棍前端略高于肩，上体微前倾，左手持盾牌置于身体左侧，目视前方。

要求：劈击要猛，弹踢要狠，截击要准。

第二动　上挑下切

用途：挑击裆、腹部、下颌，下切腹、大腿部位。

动作要领：左脚上步，右脚跟进成半马步的同时，左手持盾牌向前上挑击，左大臂抬起略低于肩，盾牌上沿高于头顶，右手持警棍收于腰侧；左脚进步的同时，左手持盾牌向下切击，盾牌下沿与裆部同高，目视前方。

要求：盾牌上挑要猛，下切要狠。

第三动 撩劈下砸

用途：撩击裆、腹、面部，劈击头、肩、背部，砸击脚背、脚趾。

动作要领：右脚上步，上体左转的同时，右手持警棍由下向左上撩击，左手持盾牌摆于身体左侧，目视前方，上体右转的同时，右手持警棍向右下劈击（两腿微屈），目视右下方；左脚上步，右脚跟进成右跪步的同时，左手持盾牌向前下砸击，盾牌下沿着地，右手持警棍收于腰际，目视前方。

要求：撩劈要猛，砸击要狠，上步与撩击要协调一致。

第四动 左挡抡扫

用途：左挡防守，抡击腰、肋部，下扫小腿、踝部。

动作要领：右脚上步，左手持盾牌向左挡，身体向左转 180 度成左弓步的同时，右手持警棍由右向左平抡，目视前方；身体向右转体 180 度成右弓步的同时，将警棍向右下扫击，上体微前倾，警棍置于身体右侧，左手持盾牌随身体自然前倾，目视前方。

要求：左挡，平抡要快，下扫要猛，重心要稳。

（2）防暴钢叉的使用方法

①防暴钢叉能够控制歹徒身体，可在安全距离限制其移动能力和抵抗能力。

②若二对一皆持防暴钢叉与歹徒对峙，务必利用钢叉长度优势与对方保持安全距离；建议一个控制歹徒上半身，一个控制歹徒下半身。

（3）抓捕器的使用方法

①抓捕器具备控制歹徒腿脚的作用，能在安全距离限制其移动能力和抵抗能力。

②抓好时机，用抓捕器前头迅速向犯罪分子脚踝处戳击。

③当抓捕器碰到嫌疑人脚踝时，听到“啪”一声，抓捕器自动上锁成功。

④抓捕器扣牢犯罪分子后，迅速向后拉，使其一条腿离地，令其重心不稳。

⑤必须使用钥匙才能打开抓捕器，一旦上锁将不能发挥作用。

考核评价

学生劳动情况评价单

课程名称	劳动教育	任务名称	门岗安保	
学生姓名：__________	鉴定人员姓名：__________			
鉴定时间：__________	鉴定地点：__________			
口头或书面问题单				
任务步骤：回答所有的问题，问题的答案应符合劳动教育的要求				
正确回答以下问题（请选择：口头 □ 书面 □）		是	否	备注
①能够说出测量体温、查验绿码、登记入校的流程		□	□	
②能够说出校内巡逻的注意事项		□	□	
③能够说出安保器材的名称		□	□	
第 1 次鉴定结果		合格 □	不合格 □	
第 2 次鉴定结果		合格 □	不合格 □	
练习和观察清单				
任务说明：确认学生具有开展门岗安保工作的能力 任务 1：开展门岗执勤工作 任务 2：开展校内巡逻工作				
鉴定步骤：需要展示所有技能，并被鉴定人员观察到				
学生是否具备下列技能（由鉴定人员填写）：		是	否	备注
①是否遵循了劳动安全须知		□	□	
②是否掌握测量体温、查验绿码、登记入校的方法		□	□	
③是否掌握巡逻注意事项		□	□	
④是否了解防暴钢叉、抓捕器、警棍、盾牌等安保器材的使用方法		□	□	
学生的劳动体会（由学生本人填写）：				
鉴定意见	第 1 次鉴定结果	合格 □	不合格 □	
	第 2 次鉴定结果	合格 □	不合格 □	
	终结性鉴定结果	合格 □	不合格 □	
签字说明学生的表现，完成任务的能力和对理论的理解 鉴定人员签字： 日期：				
签字说明同意上述鉴定结果 学生签字： 日期：				

>>> 实践项目 2　公寓宿管

项目名称

公寓宿管

劳动目标

第一，树立正确的公寓管理服务意识，了解公寓管理作业流程。

第二，掌握和熟练操作公寓管理作业流程。

第三，积极营造和谐、文明、健康、有序的公寓氛围。

所需工具（设备、物资）

工作服、工作胸牌、外来人员登记本、维修登记本、工作交接册、公寓宿舍钥匙。

劳动安全须知

工作环境安全：工作开始前，应先做好工作交接。查看公寓大门的门锁是否有问题；公寓的宿舍钥匙是否齐全；公寓总的电闸、水闸是否正常运行；公寓消防器材是否完好有效。

个人防护安全：工作中应着工作服，佩戴好工作胸牌，表明工作身份；外出巡查时，应随手关闭工作值班室，并在值班室明显位置标明“外出巡查，有事联系”的字样，减少投诉。

实践操作

一、安全管理篇

①着工作服，佩戴工作胸牌。

②查看公共区域安全情况，每日至少 2 次，并认真做好巡查记录。

③做好外来人员来访登记工作，来访人员需出示有效身份证件方可入内，并简要告知来访人员需遵照的规章制度。

④认真做好钥匙的借还登记工作。做好入住办理和退宿办理钥匙以及公寓内用品的完整登记。认真填写入住单和退宿单。

⑤每日晚 10 点关门，拒绝外来人员入内和留宿。

⑥通过多种形式教育、引导公寓住户保管好个人财务，增强安全意识，离开宿舍时及时关电、关水、关门窗。

二、卫生管理篇

①查看公共区域卫生情况，每日至少 2 次，并认真做好巡查记录。

②督促公寓住户做好垃圾分类工作，提醒住户定时定点进行垃圾投放，垃圾不在室内过夜。

③抽查部分公寓的卫生情况，不达标的要给予学生口头批评教育，督促其整改，并记录在册，作为下一次的重点检查公寓。

三、沟通交流篇

①记录保洁员、维修工是否按时上下班，做好规定的工作，是否存在违规现象。及时跟踪维修情况，督促维修工及时做好维修工作。

②走访公寓，了解并帮助解决公寓住户的实际住宿困难。

③及时应对突发事件，如大规模停水、停电。出现火灾、打架斗殴等事件，应根据规定第一时间拨打相关报警电话并上报领导。

④做好工作交接。

学习资源

公寓管理日常三部曲

考核评价

学生劳动情况评价单

课程名称	劳动教育	任务名称	公寓宿管
学生姓名：__________	鉴定人员姓名：__________		
鉴定时间：__________	鉴定地点：__________		
口头或书面问题单			
任务步骤：回答所有的问题，问题的答案应符合劳动教育的要求			
正确回答以下问题（请选择：口头 □ 书面 □）	对	错	备注
①能够说出作为一名公寓宿管的基本素质	□	□	
②能够说出公寓宿管的主要工作内容	□	□	
③能够说出公寓管理的各项表格用途	□	□	
④能够说出公寓管理的重要位置，如总电开关、水闸及消防栓等	□	□	
第 1 次鉴定结果	合格 □　不合格 □		
第 2 次鉴定结果	合格 □　不合格 □		
练习和观察清单			
任务说明：确认学生能够做好公寓管理员的基本工作 任务 1：熟练做好公寓管理员日常工作 任务 2：认真做好公寓管理员工作的记录			
鉴定步骤：需要展示所有技能，并被鉴定人员观察到			
学生是否具备下列技能：	是	否	备注
①是否遵守了公寓管理操作制度	□	□	
②是否完成日常公寓管理工作，并随时做好记录	□	□	
③是否采用了正确的公寓管理程序和方法，能够基本处理公寓管理中出现的突发事情	□	□	
④是否正确教育、引导住宿人员遵守相关规章制度，如垃圾分类、随手关电、关门等	□	□	
⑤能否正确完成以上两个任务	□	□	
第 1 次鉴定结果	合格 □　不合格 □		
第 2 次鉴定结果	合格 □　不合格 □		
终结性鉴定结果	合格 □　不合格 □		
给学生的反馈： 如果不合格，需要重新鉴定的说明：			
签字说明学生的表现、完成任务的能力和对理论的理解 鉴定人员签字：　　日期：			
签字说明同意上述鉴定结果 学生签字：　　日期：			

>>> 实践项目3 图书管理

项目名称

图书管理

劳动目标

第一，认识图书管理的基本工具和作业流程。

第二，掌握图书管理的操作方法，熟练有效地进行个人图书的整理与保管。

第三，开展劳动实践，教育、引导学生有序管理图书、珍惜爱护图书。

所需工具（设备、物资）

书架、电脑、手机、书立、防霉驱虫药、活性炭、图书保护（密封）袋、梯子或牢固的桌椅。

劳动安全须知

工作环境安全：整理图书前，检查工具是否准备妥当。摆放图书前应检查书架等图书摆放处是否牢固。重点检查图书集中摆放处的消防安全隐患，做到不在附近接电线、存放易燃物品，避免图书在阳光下暴晒。

个人防护安全：将图书摆放至高处时，应有同伴协同，谨防跌倒或书本掉落被砸伤。

相关用品安全：避免误服或过量使用防霉驱虫用品。

实践操作

一、准备

①整理出可容图书摆放的书架空间。

②检查所准备相关工具是否齐全。

③检查各类安全隐患，如需将图书摆放至高处应找好同伴协同。

二、作业流程

（1）按图书性质和阅读频率整理图书

收藏类经典图书：此类书通常经年累月才移动一次，可将它们妥善安放在最不碍事、最难取放的地方。若藏书不贵重，可将其放置于书架的最上层或下层柜子里；亦可装箱放置于床底下或储物间。若图书较贵重且有意将之展示，可以购置或打造具有防虫、防尘、防盗功能的书架专门存放、展览此类图书。

期刊类：对于多数期刊，一般我们看完一期之后不会再看第二遍。对于这些过刊可以和收藏类图书一样放在上述“不碍事、不好取放”之处。建议按期刊的发行顺序，一期期由左至右或由下至上摆放好。若其中某期杂志的内容非常有用，可能要作为常用资料，则建议专门开辟一小块位置（比如书架的一格）用以存放此类单期杂志。但是，此举存在导致单期期刊破损、遗失的风险。还可以用手机、扫描仪等设备将该期期刊内容扫描下来，存到电脑（网盘）里，纸质期刊则放回序列中。

兴趣爱好类：一般人都是根据自己的兴趣爱好购置图书的，此类书通常占我们个人图书的多数。对于此类书，可按阅读频率细分，越常用的书，就让它“离你越近”。具体而言，可在办公桌旁或沙发旁设立“常用书架”以摆放兴趣爱好类图书。书的摆放位置可按以下原则排序：a.你面朝书架站立时对应你脸部位置的，或坐下时手方便够到的位置，应摆放最经常用的书。b. 站立时对应腰部到颈部之间的，摆放次常用的书。c. 站立时对应头部以上、腰部以下的，应摆放较少用到的书。

学习研究类：学习研究类图书指的是要经常研读或查阅的专业书。此类图书在有需要的时候使用频率高，除此之外通常很少用到。当一些图书是我们在一段时期里一直需要使用的，则可在这段时间里利用书立临时将其摆放在办公桌面。

在不太需要翻阅的时候，此类图书可按以下方法加以标记后再存档，以便下次需要时迅速检索：a. 严格做好分类，参考书、相关图书、引用资料，分类放置。b. 做好书签，并在电脑中用 Excel 或相关图书管理辅助软件整理好书本信息并记录其存放位置。c. 常用的引文以及重要参考文献，建议扫描下来，存在专门的文件夹里（建议附带上封面、版权页，标注好章节、页码）。d. 下次再取出此类图书后，要严格按照原存放位置的信息放回书本。

（2）常规摆放图书的小技巧

①根据图书开本大小选择书架格子。为保证美观与方便，建议在书架同一格中摆放同开本（即同样书脊高度）的书，且书的高度最好比书架格子略矮 4～8 cm。

②将图书摆放在书架上且留有空间。将图书摆放在书架上时应在书架内壁留出空间（即不要将书与内壁完全贴合），并且在书脊到书架的外沿之间也应留出空间。因为倘若将书与书架内壁贴合，在书与书紧密摆放的情况下，我们将只能用手指把书抠出，这样容易损坏书或伤到指甲。而用上述方法，在取某本书的时候，就可以将两旁的书推进去一点（不过取后要将其拉回），再将该书取出（见图 2-1）。

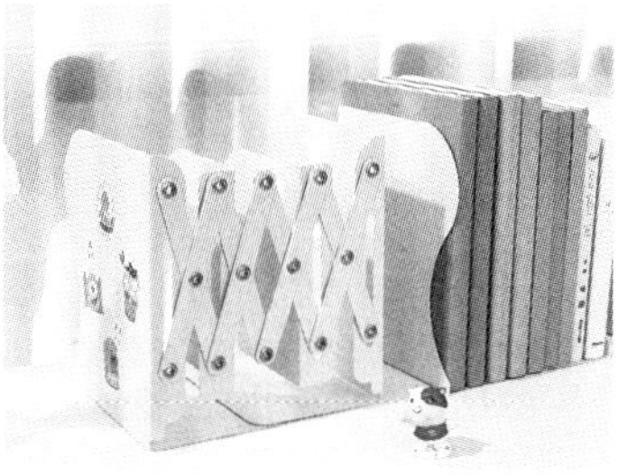

图 2-1

③为其他图书预留足够的摆放位置。建议不要将每一格书架都放满才再用另一格。再常读的书也有读完、读透后将它放回藏书架的时候。若不为其预留位置，后续可能会因为不能将该书放入同类图书中而造成不便。

（3）存书小建议

倘若藏书爱好者家中有较多纸本图书，而家中可藏书的空间又不大，可以通过以下方法解决。

①把书横放摞起来可节省大量空间，但此法不好取用书本，亦不美观，因此常用书不建议这样放。

②多购买或制作书立，可把书立放在家中任何平坦的台面之上。

③多购买箱子，将常年不需要读的书存放箱子里。存放后务必要纸列清单，记下书名贴在箱子之外，最好再将书单录入电脑中保存。箱子材质最好为纸箱和木箱，少用塑料箱，后者易老化、破碎。

④虽然书架占空间，但是可以将一些可移动的家具挡在书架前，挡住一些不重要、几乎不看的书其实无妨。

（4）保护图书的小经验

防火：①书架旁边严禁通电线。②不要将书摞放在阳光直晒的地方。长期暴晒不仅会使图书掉色、卷边、老化，还有自燃的风险。③严禁在书房抽烟。此举一是为了防火，二是因为书本容易吸收气味。④预备干粉灭火器。书本着火不能用水灭火，用干粉灭火器更加合适。

防潮防尘防蛀：图书应尽可能避免放置在易潮湿的房间，若房间面朝水体则避免开窗。若房间潮湿难以避免，则建议使用可封闭的带窗书架，并定期在书架中放入防霉驱虫药、活性炭等防潮防蛀用品。若无可封闭书架，则应定期清理书本表面，检查图书状况，对于较为重要的书本可购买使用图书保护袋（见图 2-2）。

图 2–2

（5）关于使用电子书的建议

纸本书固然有其独特价值，然而纸本书也确实带来了整理、存放和搬运等方面的不便。因此，在电子信息化的当下，除了有收藏价值的重要图书，建议以租借纸质书或购买电子书为主要方式获取图书。特别是若纯粹以通读、研究、参考为目的，电子书是更佳选择，后者在发挥这些功能上更加高效，且可随身携带、查阅，并有利于关键信息的保存与分类整理。

学习资源

一、操作演示视频

图书管理

二、有关工具、设备、物资的使用常识

驱虫药避免使用滴剂、喷剂，避免沾染书本，有必要时可使用樟木球、驱虫丸，可从少量用起，如效果不佳再逐步增加用量。

干燥剂需置于密封的环境下才能起到除湿作用，有必要时可与书本密封袋联用。

考核评价

学生劳动情况评价单

课程名称	劳动教育	任务名称	图书管理	
学生姓名：______________　鉴定人员姓名：______________				
鉴定时间：______________　鉴定地点：______________				
口头或书面问题单				
任务步骤：回答所有的问题，问题的答案应符合劳动教育的要求				
正确回答以下问题（请选择：口头 □ 书面 □）		对	错	备注
①能够说出图书管理所用工具的名字及用途		□	□	
②能够说出图书整理的要领		□	□	
③能够说出图书保护工具使用的基本要求		□	□	
④能够识别图书管理作业的安全隐患		□	□	
第 1 次鉴定结果		合格 □　不合格 □		
第 2 次鉴定结果		合格 □　不合格 □		
练习和观察清单				
任务说明：确认学生具有图书管理的能力 任务 1：按图书性质和阅读频率整理图书 任务 2：按推荐方法将图书摆放于书架纸上				
鉴定步骤：需要展示所有技能，并被鉴定人员观察到				
学生是否具备下列技能（由鉴定人员填写）：		是	否	备注
①是否遵循了安全操作规程		□	□	
②是否识别了安全危害，并采用安全程序		□	□	
③是否采用了正确的作业程序和信息，包括工具使用说明、清洁剂使用说明、安全规范等		□	□	
④是否选用了正确的设备和方法		□	□	
⑤能否正确完成以上两个任务		□	□	
学生的劳动体会（由学生本人填写）：				
鉴定意见	第 1 次鉴定结果	合格 □　不合格 □		
	第 2 次鉴定结果	合格 □　不合格 □		
	终结性鉴定结果	合格 □　不合格 □		
签字说明学生的表现，完成任务的能力和对理论的理解 鉴定人员签字：　　　　日期：				
签字说明同意上述鉴定结果 学生签字：　　　　日期：				

第二单元　美化生活

>>> 实践项目 1　绿化修剪

项目名称

绿化修剪

劳动目标

第一，认识灌木修剪的基本工具和作业流程。

第二，掌握灌木修剪的操作方法。

第三，提高学生保护环境的意识，学习爱林护林行为，做好垃圾分类。

第四，开展劳动实践，教育、引导学生热爱校园劳动、创造美丽校园。

所需工具（设备、物资）

扫把、簸箕、长柄园林修剪刀、枝条剪、长绳、手套、口罩、垃圾袋、护目镜。

劳动安全须知

工作环境安全：实施前检查工具是否齐全完好，如有损坏应及时更换；检查作业环境中是否有危害性生物，如蛇、蜈蚣等。

个人防护安全：佩戴好劳保手套、护目镜，穿包裹性较好的胶制劳作鞋，衣着覆盖全身，做好防蚊虫准备。

工具使用安全：使用园林修剪刀时切勿将双手离开刀把处。

实践操作

一、准备

①检查工具是否齐全，并用酒精对园林剪进行擦拭、消毒。

②穿好防护设备。

③项目开始时间定在早春或初秋，温度适宜，无雨。

二、作业流程

①检查环境安全。

②以路牙等与灌木带平行的物体为参照物，先从灌木带一端开始横切面直线修剪，修剪刀应与灌木平行，确保修剪作业整齐推进。

③待绿篱横切面修剪完毕后，进行纵切面修剪。（考虑绿篱后期生长空间，高 1 米左右的绿篱带一般修剪掉 20 厘米为宜）。

④可使用枝条剪处理较粗壮枝条。

⑤以路牙为参照物，确保植株修剪后灌木带呈整齐直线状。

⑥用扫把将灌木顶部的残枝拍落，以免影响光照，滋生细菌。

⑦收拾工具、设备，将修剪的灌木枝条清扫干净，并装垃圾袋放垃圾站统一处理。

学习资源

一、操作演示视频

绿化修剪

二、有关常识

园林修枝剪等工具在使用前先进行擦拭，以免修枝后植物伤口出现细菌感染。

防蚊液或含酒精及微量有毒物质，需根据自身皮肤状况选择，谨防过敏。

考核评价

学生劳动情况评价单

<table>
<tr><td>课程名称</td><td>劳动教育</td><td>任务名称</td><td colspan="3">绿化修剪</td></tr>
<tr><td colspan="6">学生姓名：______________ 鉴定人员姓名：______________</td></tr>
<tr><td colspan="6">鉴定时间：______________ 鉴定地点：______________</td></tr>
<tr><td colspan="6">口头或书面问题单</td></tr>
<tr><td colspan="6">任务步骤：回答所有的问题，问题的答案应符合劳动教育的要求</td></tr>
<tr><td colspan="3">正确回答以下问题（请选择：口头 □ 书面 □）</td><td>对</td><td>错</td><td>备注</td></tr>
<tr><td colspan="3">①能够说出绿化修剪所用工具的名字及用途</td><td>□</td><td>□</td><td></td></tr>
<tr><td colspan="3">②能够说出灌木修剪作业的要领</td><td>□</td><td>□</td><td></td></tr>
<tr><td colspan="3">③能够说出园林修枝剪使用的基本要求</td><td>□</td><td>□</td><td></td></tr>
<tr><td colspan="3">④能够识别灌木修剪作业的安全要求</td><td>□</td><td>□</td><td></td></tr>
<tr><td colspan="2">第 1 次鉴定结果</td><td colspan="4">合格 □ 不合格 □</td></tr>
<tr><td colspan="2">第 2 次鉴定结果</td><td colspan="4">合格 □ 不合格 □</td></tr>
<tr><td colspan="6">练习和观察清单</td></tr>
<tr><td colspan="6">任务说明：确认学生具有灌木修剪的劳动能力
任务 1：整理灌木修剪的工具和物品
任务 2：灌木修剪作业</td></tr>
<tr><td colspan="6">鉴定步骤：需要展示所有技能，并被鉴定人员观察到</td></tr>
<tr><td colspan="3">学生是否具备下列技能（由鉴定人员填写）：</td><td>是</td><td>否</td><td>备注</td></tr>
<tr><td colspan="3">①是否遵循了安全操作规程</td><td>□</td><td>□</td><td></td></tr>
<tr><td colspan="3">②是否识别了安全危害，并采用安全程序</td><td>□</td><td>□</td><td></td></tr>
<tr><td colspan="3">③是否采用了正确的作业程序和信息，包括工具使用说明、安全规范等</td><td>□</td><td>□</td><td></td></tr>
<tr><td colspan="3">④是否选用了正确的设备和方法</td><td>□</td><td>□</td><td></td></tr>
<tr><td colspan="3">⑤能否正确完成以上两个任务</td><td>□</td><td>□</td><td></td></tr>
<tr><td colspan="6">学生的劳动体会（由学生本人填写）：</td></tr>
<tr><td rowspan="3">鉴定意见</td><td>第 1 次鉴定结果</td><td colspan="4">合格 □ 不合格 □</td></tr>
<tr><td>第 2 次鉴定结果</td><td colspan="4">合格 □ 不合格 □</td></tr>
<tr><td>终结性鉴定结果</td><td colspan="4">合格 □ 不合格 □</td></tr>
<tr><td colspan="6">签字说明学生的表现，完成任务的能力和对理论的理解
鉴定人员签字： 日期：</td></tr>
<tr><td colspan="6">签字说明同意上述鉴定结果
学生签字： 日期：</td></tr>
</table>

>>> 实践项目 2　无土栽培

项目名称

无土栽培

劳动目标

第一，熟悉水培盆栽的流程和基本工具的使用。

第二，掌握水培种植的操作方法，进行有效养护。

第三，开展劳动实践，教育、引导学生热爱劳动。

所需工具（设备、物资）

扫把、簸箕、抹布、拖把、剪刀、胶手套、水瓶、营养液、桌子。

劳动安全须知

工作环境安全：实施前检查工具是否完好，如有损坏应及时更换；水培栽植操作环境中，请确保电器关闭、远离电源。

工具使用安全：使用剪刀等尖锐工具时要小心谨慎，使用营养液前要认真查看使用说明，按要求操作，如不慎被营养液弄伤眼睛或皮肤，应按照说明正确处置，必要时就医。

实践操作

一、准备

①检查工具是否齐全，检查作业环境是否有安全隐患。

②穿好防护设备。

二、作业流程

①检查作业环境安全，桌面平稳，无松动。

②将水瓶放至桌面，往瓶内加适当比例的营养液，总体水量到瓶身 2/3 处即可。

③将植物多余的侧芽枝条修剪后，放至瓶内，确保植株长度合适，根系没入瓶水中，整株植物在瓶内平稳。

④将散落枝叶用扫把清扫干净，装入垃圾袋。

⑤用抹布、拖把将桌面、地面水渍擦除干净。

⑥收拾工具，作业完成。

⑦定期加水、换水，保持瓶内干净，无绿藻，不定期观察植物生长状况，如出现黄叶，再次按比例添加营养液。

学习资源

一、操作演示视频

无土栽培之水培养护

二、有关工具、设备、物资的使用常识

营养液存放至阴凉处，应放置在幼儿触及不到处，以免误食。

考核评价

学生劳动情况评价单

<table>
<tr><td>课程名称</td><td>劳动教育</td><td>任务名称</td><td colspan="3">无土栽培</td></tr>
<tr><td colspan="6">学生姓名：________ 鉴定人员姓名：________</td></tr>
<tr><td colspan="6">鉴定时间：________ 鉴定地点：________</td></tr>
<tr><td colspan="6">口头或书面问题单</td></tr>
<tr><td colspan="6">任务步骤：回答所有的问题，问题的答案应符合劳动教育的要求</td></tr>
<tr><td colspan="3">正确回答以下问题（请选择：口头 □ 书面 □）</td><td>对</td><td>错</td><td>备注</td></tr>
<tr><td colspan="3">①能够说出无土栽培所用工具的名字及用途</td><td>□</td><td>□</td><td></td></tr>
<tr><td colspan="3">②能够说出水培盆栽种植的要领</td><td>□</td><td>□</td><td></td></tr>
<tr><td colspan="3">③能够说出各种工具使用的基本要求</td><td>□</td><td>□</td><td></td></tr>
<tr><td colspan="3">④能够识别作业的安全要求</td><td>□</td><td>□</td><td></td></tr>
<tr><td colspan="2">第 1 次鉴定结果</td><td colspan="4">合格 □ 不合格 □</td></tr>
<tr><td colspan="2">第 2 次鉴定结果</td><td colspan="4">合格 □ 不合格 □</td></tr>
<tr><td colspan="6">练习和观察清单</td></tr>
<tr><td colspan="6">任务说明：确认学生具有水培盆栽的能力
任务 1：整理种植的工具和物品
任务 2：种植作业</td></tr>
<tr><td colspan="6">鉴定步骤：需要展示所有技能，并被鉴定人员观察到</td></tr>
<tr><td colspan="3">学生是否具备下列技能（由鉴定人员填写）：</td><td>是</td><td>否</td><td>备注</td></tr>
<tr><td colspan="3">①是否遵循了安全操作规程</td><td>□</td><td>□</td><td></td></tr>
<tr><td colspan="3">②是否识别了安全危害，并采用安全程序</td><td>□</td><td>□</td><td></td></tr>
<tr><td colspan="3">③是否采用了正确的作业程序和信息，包括工具使用说明、营养液使用说明、安全规范等</td><td>□</td><td>□</td><td></td></tr>
<tr><td colspan="3">④是否选用了正确的设备和方法</td><td>□</td><td>□</td><td></td></tr>
<tr><td colspan="3">⑤能否正确完成以上两个任务</td><td>□</td><td>□</td><td></td></tr>
<tr><td colspan="6">学生的劳动体会（由学生本人填写）：</td></tr>
<tr><td rowspan="3">鉴定意见</td><td>第 1 次鉴定结果</td><td colspan="4">合格 □ 不合格 □</td></tr>
<tr><td>第 2 次鉴定结果</td><td colspan="4">合格 □ 不合格 □</td></tr>
<tr><td>终结性鉴定结果</td><td colspan="4">合格 □ 不合格 □</td></tr>
<tr><td colspan="6">签字说明学生的表现，完成任务的能力和对理论的理解
鉴定人员签字： 日期：</td></tr>
<tr><td colspan="6">签字说明同意上述鉴定结果
学生签字： 日期：</td></tr>
</table>

>>> 实践项目 3　艺术插花

项目名称

艺术插花

劳动目标

第一，认识艺术插花的基本工具和作业流程。

第二，掌握艺术插花的操作方法，熟练有效地进行插花造型设计和简单插花。

第三，开展劳动实践，教育、引导学生养成热爱劳动的习惯，塑造职业精神。

所需工具（设备、物资）

花器、花插、花泥、剪刀、小刀、钳、金属丝、胶带、包装纸、胶带、彩带、喷壶。

劳动安全须知

工作环境安全：插花时找一块平稳、柔软的操作平台放置花瓶及使用工具，平台不宜过高，防止花瓶从高处坠落砸伤人。

个人防护安全：一些花材枝干带有尖刺，插花前应佩戴手套，用去刺钳去除尖刺，防止被扎伤。对花粉敏感者更应佩戴好手套、口罩等防护用具。

插花工具安全：剪刀、小刀、金属丝等插花工具尖锐锋利，使用时应以正确的姿势及手法使用工具，防止被锋利部分割伤或被尖锐部位刺伤。

实践操作

一、准备

①购买材料：各种花材和配叶。

②找一块光线明亮且平稳的操作平台。

二、作业流程

构思与构图设计：明确所插作品的意图、含义或应用场合，命题插花应围绕“命题”选材与构图。

选材与花材加工整理：根据造型要求剪除多余、过密及有碍装饰的枝叶，需人工弯曲或剪裁造型的叶材，可根据需要作定型处理。

确定比例关系：根据环境和拟表达主题确定花材比例关系。即最长花枝一般为容器高度加上容器的1～2倍。

固定花材：直接将花插于高身花瓶或用“剑山”“花泥”“插座”或金属网辅助固定花材，以稳定插花方向、位置、俯仰或垂卧姿态。花泥用前吸足水，根据容器大小或需要整块使用或用利刀切块使用。

插花程序：应先插骨架花与焦点花，然后插填充花与衬叶。

检查：审视、调整、对照原有构思，看立意是否充分表达，是否遵循构图原则进行修饰调整。

命名：作品命名是插花组成部分之一。尤其是东方式插花，赋上题名使主题表达更为鲜明。

摆设：找一个平稳合适的地方放置花器。

清场：收拾整齐操作台（见图 2-3，图 2-4）。

图 2-3

图 2-4

学习资源

一、操作演示视频

艺术插花

二、有关工具、设备、物资的使用常识

花材选购要诀：①花枝越长越新鲜。②观察花材的整体形态。③用手触摸水中的花枝。④花朵大部分全开的不宜购买。⑤花型过小不宜购买。⑥花色应鲜艳，花瓣应有弹力，颜色应鲜艳。

考核评价

学生劳动情况评价单

<table>
<tr><td>课程名称</td><td>劳动教育</td><td>任务名称</td><td colspan="3">艺术插花</td></tr>
<tr><td colspan="6">学生姓名：＿＿＿＿＿＿　鉴定人员姓名：＿＿＿＿＿＿</td></tr>
<tr><td colspan="6">鉴定时间：＿＿＿＿＿＿　鉴定地点：＿＿＿＿＿＿</td></tr>
<tr><td colspan="6">口头或书面问题单</td></tr>
<tr><td colspan="6">任务步骤：回答所有的问题，问题的答案应符合劳动教育的要求</td></tr>
<tr><td colspan="3">正确回答以下问题（请选择：口头 □ 书面 □）</td><td>对</td><td>错</td><td>备注</td></tr>
<tr><td colspan="3">①能够说出插花所用工具的名字及用途</td><td>□</td><td>□</td><td></td></tr>
<tr><td colspan="3">②能够说出艺术插花的流程</td><td>□</td><td>□</td><td></td></tr>
<tr><td colspan="3">③能够说出各种工具使用的基本要求</td><td>□</td><td>□</td><td></td></tr>
<tr><td colspan="3">④能够识别艺术插花存在的危险及安全要求</td><td>□</td><td>□</td><td></td></tr>
<tr><td colspan="2">第 1 次鉴定结果</td><td colspan="4">合格 □　不合格 □</td></tr>
<tr><td colspan="2">第 2 次鉴定结果</td><td colspan="4">合格 □　不合格 □</td></tr>
<tr><td colspan="6">练习和观察清单</td></tr>
<tr><td colspan="6">任务说明：确认学生具有基本艺术插花技能
任务 1：整理艺术插花使用的工具
任务 2：进行艺术插花实操</td></tr>
<tr><td colspan="6">鉴定步骤：需要展示所有技能，并被鉴定人员观察到</td></tr>
<tr><td colspan="3">学生是否具备下列技能（由鉴定人员填写）：</td><td>是</td><td>否</td><td>备注</td></tr>
<tr><td colspan="3">①是否遵循了安全操作规程</td><td>□</td><td>□</td><td></td></tr>
<tr><td colspan="3">②是否识别了安全危害，并采用安全程序</td><td>□</td><td>□</td><td></td></tr>
<tr><td colspan="3">③是否采用了正确的作业程序和信息，包括识别工具使用说明、护花剂使用说明、安全规范等</td><td>□</td><td>□</td><td></td></tr>
<tr><td colspan="3">④是否选用了正确的设备和方法</td><td>□</td><td>□</td><td></td></tr>
<tr><td colspan="3">⑤能否正确完成以上两个任务</td><td>□</td><td>□</td><td></td></tr>
<tr><td colspan="6">学生的劳动体会（由学生本人填写）：</td></tr>
<tr><td rowspan="3">鉴定意见</td><td>第 1 次鉴定结果</td><td colspan="4">合格 □　不合格 □</td></tr>
<tr><td>第 2 次鉴定结果</td><td colspan="4">合格 □　不合格 □</td></tr>
<tr><td>终结性鉴定结果</td><td colspan="4">合格 □　不合格 □</td></tr>
<tr><td colspan="6">签字说明学生的表现，完成任务的能力和对理论的理解
鉴定人员签字：　　　日期：</td></tr>
<tr><td colspan="6">签字说明同意上述鉴定结果
学生签字：　　　日期：</td></tr>
</table>

第三单元　环境卫生

>>> 实践项目 1　餐饮服务

项目名称

餐饮服务

劳动目标

餐饮垃圾分类志愿服务是指受餐厅或食堂的委托，开展以非营利为目的的餐饮垃圾分类活动，目的是学习餐饮垃圾分类知识、体验餐厅工作人员劳作的辛勤。餐饮垃圾分类志愿服务是按照一定规定或标准将餐饮垃圾分类储存、投放和搬运，从而将其转变成公共资源的一系列志愿活动的总称，目的在于提高垃圾的资源利用价值和经济价值，力争物尽其用，减少垃圾处理量和处理设备的使用，降低处理成本，减少土地资源的消耗，具有社会、经济、生态等效益。本项目实践旨在通过组织学生参与餐饮垃圾分类服务，达到以下五个目标。

第一，掌握餐饮垃圾分类的相关规定和标准，认识餐饮垃圾分类服务的作用，并知晓垃圾分类的相关知识。

第二，在熟知垃圾分类规定和标准的前提下，熟练且快速地对餐厅所产生的餐饮垃圾进行分类。

第三，充分认识餐厅服务人员日常工作的辛苦，学会换位思考，营造良好的校园文明氛围。

第四，引导学生弘扬并践行“奉献、友爱、互助、进步”的志愿服务精神，寻求进步，帮助学生在志愿服务过程中树立正确的世界观、人生观和价值观。

第五，引导学生通过志愿服务实践活动将垃圾分类落实到具体行动，引导学生在行动中践行“垃圾分类、人人有责”，在行动中实实在在地体悟劳动最光荣、劳动最崇高、劳动最伟大、劳动最美丽的劳动精神，真真正正做到崇尚劳动、热爱劳动、辛勤劳动、诚实劳动。

所需工具（设备、物资）

书籍文献、相应的学习资料等；准备口罩、工作服、橡胶手套等工具。

劳动安全须知

第一，事先勘察餐厅场地，了解从事餐饮垃圾分类志愿服务的地点，熟知餐厅应急疏散通道，合理规划应对各种突发情况时的安全撤离方法和具体路线。

第二，从工作人员处了解餐饮垃圾分类服务过程中可能存在的危险，如手被坚硬的鱼刺划伤、手被烫伤等，做好预案并学习紧急处理办法。

第三，餐饮垃圾分类志愿服务在本质上是一种服务活动，在学生真正体验这项劳动前，要提前为学生讲清楚、说明白服务的含义和本质，避免在进行餐饮垃圾分类服务过程中与他人发生矛盾、产生纷争。

实践操作

一、准备

（1）学习规范

首先，进行操作培训之前，学习餐饮垃圾分类的相关知识，学会区分生活垃圾、易腐垃圾、可回收垃圾、有害垃圾以及其他垃圾；其次，学会垃圾分类相关知识后，学习垃圾的投放规程，主要包括：易腐垃圾投放规程、可回收垃圾投放规程以及其他垃圾投放规程。（主要参考《生活垃圾分类投放操作规程》）；最后，在知晓垃圾分类相关知识的基础上，学习餐厅工作相关规范及流程，主要包括：考勤制度、考核与管理制度等相关制度。

（2）操作培训

通过“手把手教授”的现代学徒制度，教授学生如何放置垃圾收集容器、如何快速将餐饮垃圾迅速分类、如何按照不同垃圾的投放规程放置在指定地点等待相关单位收集、运输以及如何在使用完垃圾收集容器后将其清洗并消毒干净。

（3）实地演练

接受过垃圾分类知识和餐饮垃圾分类实践的培训后，学生在师傅的指导下进行实地操作演练，在实地演练中熟悉操作规范和流程。

（4）考核上岗

待完成上述准备工作后，以学生志愿者的服务质量和效率为考核内容，由餐厅餐饮服务专门工作人员、餐厅经理、辅导员老师等组成的考核小组对学生进行考核，考核合格后方可正式在餐厅从事餐饮垃圾分类志愿服务。

二、作业流程及规范

（1）垃圾分类

首先，在餐厅营业前，穿戴好工服并将垃圾收集容器放在定点位置。其次，按照垃圾投放规程处理餐饮垃圾：①易腐垃圾。滤干液体后将其投放至易腐垃圾收集容器；②可回收垃圾。纸应折好压平，并用绳索捆牢，回收时应避免受到污染。对于旧书籍、刊物等宜捐赠给有需要的人，而一次性纸碟、墙纸、复写纸和被污染的纸巾、未明确后续回收利用途径的复合材料包装物（如牛奶盒和果汁饮料盒）等应投放至其他垃圾收集容器，对于塑料瓶、塑料桶、塑料盒等可回收垃圾应清除瓶子残留物并用水冲净、将其晾干（必要时压扁）后投放至可回收物收集容器；③其他垃圾。应袋装投放至其他垃圾收集容器，不应混入其他类别的生活垃圾。

（2）适量积攒

对餐饮垃圾进行适量积攒，当积攒至最大容量后，更换垃圾收集容器。

（3）捆扎投放

将垃圾倒入垃圾袋内，捆扎起来带到等待运输的投放地点；对于可回收物品和其他垃圾亦是如此。

（4）打扫清理

打扫垃圾分类区域并清理垃圾收集容器。待垃圾全部归置于等待运输的垃圾站点后，将垃圾收集容器带至指定区域进行清洗并消毒晾干处理。此外，在处理并归纳垃圾收纳容器完毕后，打扫垃圾分类区域。

学习资源

一、操作演示视频

厨余垃圾处理

二、有关工具、设备、物资的使用常识

摆放垃圾收集容器时，要按照地标正确摆放，将其摆放至固定位置；

清洗垃圾收集容器时，要按照垃圾分类容器的材质选择正确酸碱度的清洗剂，避免对垃圾收集容器造成腐蚀。

考核评价

劳动情况评价单

课程名称	劳动教育	任务名称	餐饮服务
学生姓名：__________	鉴定人员姓名：__________		
鉴定时间：__________	鉴定地点：__________		
口头或书面问题单			
任务步骤：回答所有的问题，问题的答案应符合劳动教育的要求			
正确回答以下问题（请选择：口头 □ 书面 □）	对	错	备注
①能够精准说出垃圾分类的标准	□	□	
②能够正确说出餐厅内部餐饮垃圾分类的整体操作流程	□	□	
③能够说出各种工具使用的基本要求	□	□	
④能够识别餐饮垃圾分类的安全要求	□	□	
第 1 次鉴定结果	合格 □	不合格 □	
第 2 次鉴定结果	合格 □	不合格 □	
练习和观察清单			
任务说明：确认学生具有实施餐饮垃圾分类服务的能力 任务 1：整理摆放餐饮垃圾分类服务区的工具 任务 2：餐饮垃圾分类作业			
鉴定步骤：需要展示所有技能，并被鉴定人员观察到			
学生是否具备下列技能（由鉴定人员填写）：	是	否	备注
①是否遵循了规范操作规程	□	□	
②是否识别了安全危害，并采用安全程序	□	□	
③是否采用了正确的作业程序和信息，包括工具使用说明、安全规范等	□	□	
④是否选用了正确的设备和方法	□	□	
⑤能否正确完成以上两个任务	□	□	
学生的劳动体会（由学生本人填写）：			
鉴定意见	第 1 次鉴定结果	合格 □	不合格 □
	第 2 次鉴定结果	合格 □	不合格 □
	终结性鉴定结果	合格 □	不合格 □
签字说明学生的表现，完成任务的能力和对理论的理解 鉴定人员签字：　　日期：			
签字说明同意上述鉴定结果 学生签字：　　日期：			

>>> 实践项目 2　道路清扫

项目名称

道路清扫

劳动目标

通过道路清扫，让同学们掌握工具的使用方法，珍惜劳动成果；培养学生的团结协作意识，助人为乐的精神品质，保持校园道路干净整洁，共建美好校园环境。

所需工具（设备、物资）

书籍、相应的学习资料等；大扫把、小型扫帚、便携式簸箕、火钳、铲刀、推雪板、垃圾袋、擦布、安全锥桶、水桶、清洁剂等工具设备。

实践操作

一、准备

准备好工具：大小扫帚各一把、大小铁锹各一把、保洁袋一个、铲刀一把、火钳一个。

作业时，路口应摆放安全指示牌或安全锥桶。

二、作业流程及规范

（1）清扫标准

①如果路面有油污，应及时用清洁剂清理。

②路面、人行道、树穴有垃圾、杂草时，应及时清除。

③用扫把仔细清扫草地、绿化带上的果皮、纸屑、石块、树叶等垃圾。对烟头、竹签等不好扫的小杂物，应用火钳捡起放在垃圾桶内。

④用铲刀或刀片清除路面上的顽固污渍、口香糖等杂物。

⑤清理完垃圾后，应及时关好垃圾箱门，确保垃圾箱无垃圾满溢现象。

⑥所有垃圾应集中袋装后运送到垃圾堆放点。

（2）清扫流程

①清扫人员紧密配合，集中精力，各司其职，仔细观察，及时发现道路上的垃圾杂物，及时清理干净。

②清洁作业要速度快、频率高，快拣快撤。

③道路上的烟头，一定要用脚踩灭后再清理。

④保洁作业按线行驶，不准越线、跳线、下线。

⑤作业完毕后，将垃圾及时归置于垃圾桶内，并清理干净。

⑥清洗清洁用具，并有序摆放至指定位置。

学习资源

道路清扫

考核评价

劳动情况评价单

<table>
<tr><td>课程名称</td><td>劳动教育</td><td>任务名称</td><td colspan="3">道路清扫</td></tr>
<tr><td colspan="6">学生姓名：__________ 鉴定人员姓名：__________</td></tr>
<tr><td colspan="6">鉴定时间：__________ 鉴定地点：__________</td></tr>
<tr><td colspan="6">口头或书面问题单</td></tr>
<tr><td colspan="6">任务步骤：回答所有的问题，问题的答案应符合劳动教育的要求</td></tr>
<tr><td colspan="3">正确回答以下问题（请选择：口头 □ 书面 □）</td><td>对</td><td>错</td><td>备注</td></tr>
<tr><td colspan="3">①能够说出道路清扫的标准</td><td>□</td><td>□</td><td></td></tr>
<tr><td colspan="3">②能够正确说出道路清扫的操作流程</td><td>□</td><td>□</td><td></td></tr>
<tr><td colspan="3">③能够正确说出道路保洁的操作流程</td><td>□</td><td>□</td><td></td></tr>
<tr><td colspan="3">④能够识别道路清扫的安全要求</td><td>□</td><td>□</td><td></td></tr>
<tr><td colspan="2">第 1 次鉴定结果</td><td colspan="4">合格 □ 不合格 □</td></tr>
<tr><td colspan="2">第 2 次鉴定结果</td><td colspan="4">合格 □ 不合格 □</td></tr>
<tr><td colspan="6">练习和观察清单</td></tr>
<tr><td colspan="6">任务说明：确认学生具有道路清扫的能力
任务 1：示范道路清扫的操作流程
任务 2：示范道路保洁的操作流程</td></tr>
<tr><td colspan="6">鉴定步骤：需要展示所有技能，并被鉴定人员观察到</td></tr>
<tr><td colspan="3">学生是否具备下列技能（由鉴定人员填写）：</td><td>是</td><td>否</td><td>备注</td></tr>
<tr><td colspan="3">①是否遵循了规范操作规程</td><td>□</td><td>□</td><td></td></tr>
<tr><td colspan="3">②是否识别了安全危害，并采用安全程序</td><td>□</td><td>□</td><td></td></tr>
<tr><td colspan="3">③是否采用了正确的作业程序和信息，包括工具使用说明、安全规范等</td><td>□</td><td>□</td><td></td></tr>
<tr><td colspan="3">④是否选用了正确的工具和方法</td><td>□</td><td>□</td><td></td></tr>
<tr><td colspan="3">⑤能否正确完成以上两个任务</td><td>□</td><td>□</td><td></td></tr>
<tr><td colspan="6">学生的劳动体会（由学生本人填写）：</td></tr>
<tr><td rowspan="3">鉴定意见</td><td>第 1 次鉴定结果</td><td colspan="4">合格 □ 不合格 □</td></tr>
<tr><td>第 2 次鉴定结果</td><td colspan="4">合格 □ 不合格 □</td></tr>
<tr><td>终结性鉴定结果</td><td colspan="4">合格 □ 不合格 □</td></tr>
<tr><td colspan="6">签字说明学生的表现，完成任务的能力和对理论的理解
鉴定人员签字： 日期：</td></tr>
<tr><td colspan="6">签字说明同意上述鉴定结果
学生签字： 日期：</td></tr>
</table>

>>> 实践项目 3　寝室保洁

项目名称

寝室保洁

劳动目标

第一，了解寝室保洁所需基本工具和作业流程。

第二，掌握通风、除尘、扫地、拖地的操作方法，熟练有效地进行寝室保洁。

第三，开展劳动实践，教育、引导学生养成热爱劳动的习惯，塑造职业精神。

所需工具（设备、物资）

扫把、簸箕、拖把、抹布、晾衣架、橡胶手套、地刷、喷壶、清洁桶、海绵拖、清洁剂或洗衣液、平拖。

劳动安全须知

第一，清理卫生间通风口、吊扇、灯具、天花板、空调排风扇时，尽量使用晾衣架或扫把杆等长型工具，在有室友协助的情况下清理。切勿独自一人登高作业，防止发生意外状况。

第二，制作清洁水、喷洒和拖地时，请使用橡胶手套，防止皮肤受到伤害。

第三，使用海绵拖拖完地面后，请再次使用干燥的平拖清洁地面，防止自己或室友滑倒。

实践操作

一、准备

挤出一定量的清洁液或洗衣液到盆内，再加一定量的水按照 1∶200 进行比兑，用完再兑即可。

二、作业流程

（1）打开门窗通风

通风时间。通风讲究最佳时间。如果在早上起床的时候打开窗户，等到晚上睡觉的时候再关窗。这样操作一来是开窗时间太长，会让我们寝室里面有更多的灰尘，二来室内空气也可能会受到污染。最佳的开窗时间应该是上午 10 时和下午 3 时左右。

晚上开窗。为了避免着凉，大多数人晚上喜欢紧关门窗睡觉，实际上我们睡觉的时候，可以给窗户开一条缝。值得注意的是，不要形成对流，这才是我们着凉的根源所在，晚上睡觉开窗，空气也比较好，更舒适，有助于睡眠。

卫生间通风。卫生间很容易潮湿、蓄水，因此需要保持通风干燥，否则容易滋生细菌。久而久之，这种气体不仅会使寝室成员的健康受到影响，还会影响寝室成员的心情。

雾霾天、阴雨天避免开窗。由于环境的污染，我们可能会遇到雾霾天气，当出现这种天气时，尽量不要打开窗户，阴雨天时，也要避免开窗，否则可能会引起室内潮湿，室内过度潮湿会对我们的生活环境造成危害。

（2）除尘

角落、门框的除尘。这些地方最容易积累灰尘，并且通常这几个区域是很容易被遗忘的，我们只需要准备拖把杆和一块抹布，用橡皮筋将抹布固定在拖把杆上，就可以轻松地去除灰尘。

墙面的除尘。墙面除尘只需要平头的拖把和喷有少量水的抹布即可，在墙面上用“W”形路线可快速清洁整个墙面。

衣物床单的除尘。衣服晾在寝室里有不少灰尘在上面，如果在寝室外积灰更严重，晾晒衣物的时间不建议过长。我们需要及时把晾晒好的床单衣物收回，避免沾染过多灰尘。

吊扇、灯具及空调的除尘。宿舍里的吊扇和灯具容易堆积灰尘，空调排风口在使用过程中尤其容易累积灰尘，如果不及时清理，会造成寝室内大量贴身物品沾染灰尘，更严重的还可能造成皮肤和呼吸道的疾病，所以及时清理吊扇、灯具及空调排风口是很有必要的。可以使用弯曲除尘器清扫吊扇和灯具上的灰尘，也可以用晾衣架绑上抹布进行除尘，定时通知后勤清理空调排风口。尤其需要注意的是，在使用空调时，阳台的空调外机附近不要晾晒贴身衣物，容易沾染灰尘和细菌。

正确的除尘顺序。灰尘就像下雪一样，是从上往下落，所以除尘时，从最高的物品开始清洁，天花板、灯管、风扇、墙面、门框、书桌、地板，这样可以减少重复劳动。

（3）扫地

拿扫帚：左手在上，右手在下，双手握住扫帚柄，身体前倾。

扫地：右手用力大一些，左手用力小一点，扫帚在脚前贴着地面，往左前方逐步清扫。

聚拢垃圾堆：把四周的垃圾轻轻地往一起扫，扫成一堆。

收垃圾：左手拿畚斗，右手拿扫帚，将垃圾收到畚斗里。

复扫：找一块抹布，将抹布浸湿，拧干（不滴水最好）后包在扫帚上，不要太紧，尽量保持扫帚的形状。用包着抹布的扫帚扫地，可以将地上的头发扫干净。扫完后用手轻轻一捋，头发会形成一团，特别容易清理。最后将抹布解下，在垃圾桶中抖擞。

注意事项：灰尘多的时候，地面需洒水浸润，以免扬起灰尘。

（4）拖地

散洒清洁水。将清洁水散洒到地板上，如果用手洒，很容易一不小心洒到鞋子、椅子上，建议使用喷壶进行喷洒，比较均匀，水量不会过大，可避免弄湿寝室物品，将要拖的地方均匀洒上水，拖地前的准备工作就算完成了。

使用地刷刷地板。将地板打湿后，使用硬毛扫帚进行刷地。缝隙往往是最脏、最难清洁的一个角落，刷地这一步骤是为了将瓷砖与瓷砖的缝隙也刷干净，使清洁更加彻底。

使用海绵拖拖地。将地板刷了一遍后，地板上的水变成了黑色，可以清晰地看到地板上的污渍被刷干净了，将干净的海绵拖湿润变软后，把海绵里的水挤出，再从里到外开始拖地，将污水慢慢地从里到外拖除，拖一遍后你会发现地板已经初步洁净，这时候我们将海绵拖洗干净，再拖一次地板，第二遍后地板就已经非常干净了。

注意事项：拖完地后，如果地板比较湿润，为了防止人员滑倒，可开窗、开风扇加速空气流动，快速吹干地面。

学习资源

一、操作演示视频

寝室保洁

二、有关工具、设备、物资的使用常识

使用清洁剂时应选择正确酸碱度的产品，清洁剂使用时要根据说明调成适当的浓度，以提高去污效果，最后要注意将清洁剂擦拭干净。

抹布要专布专用，根据不同用途选择不同类型的抹布，不要将一块抹布用到任何方面。对于用过的抹布要勤于清洗，做好消毒，并及时做好更换。

考核评价

学生劳动情况评价单

<table>
<tr><td>课程名称</td><td>劳动教育</td><td colspan="2">任务名称</td><td colspan="2">寝室保洁</td></tr>
<tr><td colspan="6">学生姓名：__________ 鉴定人员姓名：__________</td></tr>
<tr><td colspan="6">鉴定时间：__________ 鉴定地点：__________</td></tr>
<tr><td colspan="6">口头或书面问题单</td></tr>
<tr><td colspan="6">任务步骤：回答所有的问题，问题的答案应符合劳动教育的要求</td></tr>
<tr><td colspan="3">正确回答以下问题（请选择：口头 □ 书面 □）</td><td>对</td><td>错</td><td>备注</td></tr>
<tr><td colspan="3">①能够说出寝室保洁所用工具的名字及用途</td><td>□</td><td>□</td><td></td></tr>
<tr><td colspan="3">②能够说出保洁的要领</td><td>□</td><td>□</td><td></td></tr>
<tr><td colspan="3">③能够说出各种工具使用的基本要求</td><td>□</td><td>□</td><td></td></tr>
<tr><td colspan="3">④能够识别寝室保洁作业的安全要求</td><td>□</td><td>□</td><td></td></tr>
<tr><td colspan="2">第 1 次鉴定结果</td><td colspan="4">合格 □ 不合格 □</td></tr>
<tr><td colspan="2">第 2 次鉴定结果</td><td colspan="4">合格 □ 不合格 □</td></tr>
<tr><td colspan="6">练习和观察清单</td></tr>
<tr><td colspan="6">任务说明：确认学生具有保洁劳动的能力
任务 1：整理寝室保洁的工具和物品
任务 2：寝室保洁作业</td></tr>
<tr><td colspan="6">鉴定步骤：需要展示所有技能，并被鉴定人员观察到</td></tr>
<tr><td colspan="3">学生是否具备下列技能（由鉴定人员填写）：</td><td>是</td><td>否</td><td>备注</td></tr>
<tr><td colspan="3">①是否遵循了安全操作规程</td><td>□</td><td>□</td><td></td></tr>
<tr><td colspan="3">②是否识别了安全危害，并采用安全程序</td><td>□</td><td>□</td><td></td></tr>
<tr><td colspan="3">③是否采用了正确的作业程序和信息，包括工具使用说明、清洁剂使用说明、安全规范等</td><td>□</td><td>□</td><td></td></tr>
<tr><td colspan="3">④是否选用了正确的设备和方法</td><td>□</td><td>□</td><td></td></tr>
<tr><td colspan="3">⑤能否正确完成以上两个任务</td><td>□</td><td>□</td><td></td></tr>
<tr><td colspan="6">学生的劳动体会（由学生本人填写）：</td></tr>
<tr><td rowspan="3">鉴定意见</td><td>第 1 次鉴定结果</td><td colspan="4">合格 □ 不合格 □</td></tr>
<tr><td>第 2 次鉴定结果</td><td colspan="4">合格 □ 不合格 □</td></tr>
<tr><td>终结性鉴定结果</td><td colspan="4">合格 □ 不合格 □</td></tr>
<tr><td colspan="6">签字说明学生的表现，完成任务的能力和对理论的理解
鉴定人员签字： 日期：</td></tr>
<tr><td colspan="6">签字说明同意上述鉴定结果
学生签字： 日期：</td></tr>
</table>